Sammlung der Zeitzeugen

Reinhard Tischer

Der Lagerjunge
17 Jahre in Baracken

Reinhard Tischer, geb. 1939 in Zindel, Kreis Breslau in Schlesien. Anfang 1945 Flucht in einem bäuerlichen Treck vom 20. Januar bis 15. März nach Niederbayern nahe Straubing. Mitte Juli 1945 Umzug in das Lager Mistelbach nahe Bayreuth, wo die Familie bis 1962 lebte. Besuch der Volksschule, danach Ausbildung als Polsterer. Reinhard Tischer ist verheiratet und hat zwei erwachsene Söhne. Er lebt heute in Streitberg in der Fränkischen Schweiz.

Sammlung der Zeitzeugen

Reinhard Tischer

Der Lagerjunge

17 Jahre in Baracken

Eine Kindheit
im Nachkriegsdeutschland
1945–1962

Herausgegeben von Jürgen Kleindienst

Zeitgut Verlag

Die im Buch veröffentlichten Abbildungen und Dokumente stammen – sofern nicht anders vermerkt – aus dem Privatbesitz des Verfassers. Foto auf der vorderen Umschlagseite: Teilansicht der Baracken; im Fenster Marta Brünner.

Bibliografische Information der Deutschen Bibliothek
Die Deutsche Bibliothek verzeichnet diese Publikation in der Deutschen Nationalbibliografie; detaillierte bibliografische Daten sind im Internet über http://dnb.ddb.de abrufbar.

Sammlung der Zeitzeugen, Band 70
2. Auflage Februar 2015
Verlag: Zeitgut Verlag GmbH, Berlin
Klausenpaß 14, 12107 Berlin
Telefon 030 - 70 20 93 0, Telefax 030 - 70 20 93 22
E-Mail: info@zeitgut.de
Herausgeber: Jürgen Kleindienst
Lektorat: Tanya Wegberg, Neuruppin
ISBN 978-3-86614-166-7

www.zeitgut.de

Inhalt

Flucht aus Schlesien

Um der nachfolgenden Generation das Wissen um und das Verständnis für die Lebensumstände eines Flüchtlingskindes am Ende des Zweiten Weltkrieges und in der Nachkriegszeit zu bewahren, habe ich mich entschlossen, Ereignisse und Stationen meines persönlichen Erlebens in jener Zeit für meine Kinder und andere interessierte Leser niederzuschreiben.

Ich wurde als jüngstes von drei Geschwistern am 27. November 1939 in Zindel, Kreis Breslau in Schlesien, geboren. Meine Schwester Gisela hatte dort am 19. Juni 1938 das Licht der Welt erblickt, mein Bruder Rudi am 9. November 1934.

Am Abend des 19. Januar 1945, einem Freitag, klopfte es an unserer Türe. In seiner schmucken Uniform stand unerwartet mein Vater in der Stube, einen braunen Lederkoffer in der Hand. Welch eine Überraschung für die ganze Familie und unsere Nachbarn! Vater hatte Fronturlaub erhalten und kam direkt aus dem Ungarland, aus Budapest. Wir konnten unser Glück kaum fassen, besonders als er seinen Koffer öffnete, der sich als eine wahre Wundertüte erwies: Süßigkeiten, Spielzeug für die Älteren, warme Sachen, Pullover, Westen und vieles mehr! Ein wahrer Schatz! Unser Glück und unsere Freude waren vollkommen.

Ich war damals gerade fünf Jahre alt und weiß noch, dass mich Vater anschließend zur allgemeinen Erheiterung in den leeren Koffer sperrte. Dies ist allerdings eine der letzten Erinnerungen, die ich an ihn habe, denn leider währte unser Glück nicht lange. Am nächsten Morgen früh um sechs - es war der berüchtigte Eiswinter 1945, und das Thermometer zeigte minus achtzehn Grad an - fuhr unser Bürgermeister auf dem Fahrrad mit einer Handsirene durch den Ort. Die Evakuierung wurde bekanntgegeben. Obwohl einige Erwachsene ungeachtet der Durchhalteparolen aus dem Volksempfänger mit einer solchen Maßnahme gerechnet hatten, waren Schrecken und Aufregung groß.

Später erfuhr ich, dass an diesem 19. Januar im Morgengrauen russische Truppen erstmals schlesischen Boden be-

Meine Eltern, meine älteren Geschwister Rudi und Gisela und ich; eines der letzten Bilder von unserem Vater

treten hatten. Im Dorf kursierten zwar Gerüchte über eine bevorstehende Evakuierung, doch keiner wagte etwas zu sagen oder zu fragen. Schließlich galt jeder Zweifel am „Endsieg“ als Hochverrat.

„Um zehn Uhr muss das ganze Dorf geräumt sein!“ Alle Soldaten, die zu dieser Zeit im Dorf waren, mussten sich unverzüglich in Breslau melden. Dies galt natürlich auch für unseren Vater. Seine letzten Worte waren: „In drei Tagen kommen wir wieder zurück, wir halten die Russen in Breslau auf.“ Seitdem haben wir von unserem Vater nie mehr etwas gehört oder gesehen. Höchstwahrscheinlich ist er in Breslau gefallen.

Kanonendonner war aus der Ferne zu hören, die Rote Armee rückte immer näher. Wir hatten nur vier Stunden Zeit, um das Wichtigste und Notwendigste einzupacken, und dazu zählten hauptsächlich warme Sachen wie Betten, Decken, Mäntel, Stiefel und so weiter, aber natürlich auch Lebensmittel in größeren Mengen. Wertsachen wie Schmuck, Münzen oder Geld vergruben wir in letzter Minute hinter dem Haus im Garten.

Alle fahrtüchtigen Leiterwagen, Handwagen, Kastenwagen und Kinderwagen wurden vollgestopft. Pro Fuhrwerk waren rund vier Familien unterwegs. Babys und Kinder wurden in Betten und Decken gewickelt und auf den Wagen verstaut. Bei so viel Enge waren Streitereien und Gezänk vorprogrammiert.

Männer zwischen sechzehn und sechzig waren nicht dabei, sie waren an der Front oder beim Volkssturm. Die älteren Frauen führten das Kommando. Unsere Nachbarin Tante Wulfen lenkte das Fuhrwerk. Autos, Schlepper oder dergleichen gab es nicht. Sie alle waren für die Wehrmacht eingezogen worden. Was mich heute noch sehr beschäftigt, ist die Gelassenheit und Ruhe meiner Eltern und Verwandten. Kein Fluchen oder Schimpfen, kein Geheule! Alles mussten wir liegen und stehen lassen, in Jahrhunderten Geschaffenes von heute auf morgen zurücklassen. Doch auch in späteren Jahren wurde von Mutter und unserer Wirsing-Großmutter weder viel über Krieg und Vertreibung gejammert noch über Hitler geschimpft. Es war so, und es war zu spät, um noch etwas zu ändern.

Unsere Wirsing-Großmutter, von uns nur „Mutter" genannt

Heute noch frage ich mich: Wie war das alles nur möglich? Hals über Kopf alles zurückzulassen, in Stunden alles zu verlieren, von den warmen Stuben auf die eiskalten Wagen zu wechseln? Küche und Keller waren gefüllt gewesen. Fast alle Familien hatten eine kleine Landwirtschaft, am Vortage war geschlachtet und gebacken worden, doch das meiste musste zurückbleiben. Auf den Fuhrwerken war kein Platz dafür. Den nachrückenden Armeen von Russen und Polen bot sich ein Schlaraffenland: Hunderte von verlassenen kleinen Städten und Dörfern waren voll von Lebensmitteln.

Erst nach dem Krieg erfuhr ich von Spätheimkehrern, die das Massaker überlebt hatten, was damals in unseren Heimatorten geschah: Die Häuser und Güter waren menschenleer, jeder Soldat nahm sich, was er begehrte. Saufen, Fressen und Plündern waren an der Tagesordnung. Sicher wurden in den Dörfern alte Frauen und Männer auf den großen Gütern und Domänen zurückgelassen, um das Vieh zu versorgen, zu füttern und zu melken, in der Hoffnung, dass in drei Tagen alles vorüber sei. Die alten Männer wurden erschlagen, aufgehängt oder gefoltert, die Frauen vergewaltigt und danach gar noch lebendig ans Scheunentor genagelt. Von anderen Grausamkeiten möchte ich hier nicht mehr berichten.

Unser Treck mit den Pferdegespannen setzte sich Richtung Breslau in Bewegung. Es hieß, wir müssten über die zugefrorene Oder. Ich hatte große Angst davor, ins Eis einzubrechen und ertrinken zu müssen, und rief immer wieder: „Nicht über die Oder!"

Unsere Großmutter Wirsing, von uns Kindern stets „Mutter" genannt, war für uns Geschwister tatsächlich wie eine Mutter, eine Ansprechpartnerin in allen Situationen. Ihre Meinungen und Ratschläge waren für uns Kinder maßgebend. Mein ganzes Leben wurde durch ihre strenge christliche und familiäre Erziehung geprägt. Aufrichtig, ehrlich und genügsam, war sie eine Respektsperson im wahrsten Sinne des Wortes. Das heute übliche „Oma" und „Opa" wurde von uns früher nicht verwendet. Stattdessen gebrauchten wir die respektvolleren Anreden „Großmutter" und „Großvater". Des Öfteren hörte man auch die mundartliche Bezeichnung „Großel".

Unsere leibliche Mutter, geborene Wirsing, die wir „Mama" nannten, war für unsere Erziehung nur in zweiter Linie verantwortlich. Sie sorgte in der arbeitsreichen und mühsamen Zeit für unser leibliches Wohl.

Rückblick auf die verlorene Heimat

Zindel war ein Reihendorf, links und recht an der ungeteerten Straße standen die Bauernhäuser. Unser bescheidenes Anwesen mitten im Dorf, umgeben von Gemüse- und Obstgärten, war unsere kleine Welt. An das Schweinefüttern erinnere ich mich noch gut: Im Futter befanden sich Kirsch- oder Zwetschgensteine, die beim Fressen lustig zwischen den Zähnen der Schweine knirschten.

Unsere Mama fing zur Belustigung für uns Kinder auch Vögel. Ein Getreidesieb in der Größe einer Schüssel wurde im Hof aufgestellt, mit einem Holzscheit, das mit einer Schnur versehen war, schräg angehoben und eine Handvoll Körner als Köder daruntergestreut. Wir versteckten uns hinter einem Strauch und warteten mit dem Schnurende in der Hand. Nach einigen Minuten flogen die ersten Vögel heran und pickten unter dem Sieb. Ein kleiner Zug an der Schnur, und die Falle fiel zu. Vom nahen Feld kamen auch Rebhühner hinzu, und auf die hatte es Mama abgesehen: Sie landeten in der Bratpfanne. Die kleinen ließ sie wieder fliegen. Im Sommer gab es viele junge Küken von Gänsen und Enten, dazu Hühner, Hunde und Katzen. Alles lief quer über den Hof.

Wenn ich am Samstagnachmittag alleine im Sand spielte, herrschte totale Ruhe. Straßenverkehr gab es nicht. Auf der gegenüberliegenden Straßenseite war ein kleiner Weiher, die Tiegellusche, ein Anziehungspunkt für alle Dorfkinder. Mit der Abenddämmerung kamen von dort die Fledermäuse, und die größeren Kinder riefen: „Duckt euch, die fliegen in die Haare, und ihr bringt sie nicht mehr raus!“

Unartigen Kindern wurde damals in Schlesien mit der „Roggenmumie“ gedroht. Sie hauste nach alter Überlieferung in Getreidefeldern und trieb dort ihr Unwesen. „Wenn ihr nicht sofort zu zanken aufhört und brav seid, kommt sie und zieht euch ins Kornfeld!“ Für uns Kinder war sie eine alte böse Frau, die uns alle in Schrecken versetzte. Wir wurden des Öfteren an sie erinnert und aufgefordert, gehorsam zu sein.

Mein Geburtshaus in Zindel, Kreis Breslau in Schlesien

An einem Abend im Herbst 1941 hörten wir Marschschritte auf der Straße: französische Kriegsgefangene. Ein Soldat namens Anton wurde bei uns einquartiert, er war von Beruf Elektriker. Mutter beauftragte ihn sogleich, alles Elektrische in Haus und Scheune zu reparieren. Durch Anton habe ich Selleriesenf kennengelernt, den wir heute noch essen. Er ist gesund und einfach herzustellen: Sellerie fein hobeln und mit Senf vermischen. Auf dem Butterbrot schmeckt dieser Aufstrich herzhaft und erfrischend.

Aus Kupferdraht fertigte Anton kunstvolle Figuren. Mit einem Wolltuch poliert, sahen sie aus wie Gold. Dafür bekam er von Mutter Brote mit Griebenschmalz. Anderen Gefangenen steckte sie heimlich Brot zu. Die deutschen Aufseher durften das nicht sehen, es war verboten.

Die Lukas-Tante, eine Schwester unserer Mutter, hatte auch ein kleines Bauernzeug mit Kleintieren, vor allem Stallhasen. Bei Hasen kann man das Geschlecht nur mit Erfahrung und Geschicklichkeit feststellen. Ihr Sohn Günther, ein Hansdampf in allen Gassen, konnte es: Schwänzchen hoch, ein kurzer Blick, Männchen in den einen Korb, Weibchen in den anderen.

In Schlesien wurde damals viel Mohn angebaut. Herr Schäler vom Krämerladen besaß als Einziger im Dorf eine Mohnmühle, ein altertümliches Gerät, das nur mit viel Anstrengung funktionierte und hauptsächlich in der Vorweihnachtszeit in Anspruch genommen wurde. Oben in einen großen Trichter wurde der getrocknete Mohn eingefüllt, und wenn man lange an einer Holzkurbel drehte, kam endlich unten der gequetschte Mohn heraus. Mohnklöße sind eine schlesische Weihnachtsspezialität aus in Scheiben geschnittenen alten Brötchen, warmem Zuckerwasser und gemahlenem Mohn. Die Zutaten werden reihenweise übereinander in eine Schüssel gelegt und ein paar Stunden ziehen gelassen - fertig ist die kalte Süßspeise!

Onkel Herbert, ein Cousin unserer Mama, war beim Militär - bei den Reitern - und hatte einen Offizier als Ausbilder, der ihn bis aufs Blut schikanierte. Mein Onkel hatte eine furchtbare Wut auf ihn und sagte einmal: „Wenn ich den an der Front erwische, erschieße ich den Schinder!" Onkel Herbert ist im Krieg gefallen. Tante Wulfen konnte den Tod ihres Sohnes nie überwinden. Ich sehe sie heute noch im Lager um ihn weinen.

Jeden Sonntagvormittag fuhr ein sonderbares Gefährt durch unser Dorf: Ein reicher Bauer aus dem Nachbarort ließ ein altes, ausgeschlachtetes Automobil von einem Pferd ziehen. Wir Kinder warteten schon sehnsüchtig auf den nächsten Sonntag, wenn er wieder zur Kirche fuhr. Drei- bis viermal im Jahr kam auch ein Bärentreiber ins Dorf. Das riesige, schwarze Tier wurde an einer langen Kette geführt. Der Treiber spielte Mundharmonika, dazu drehte sich der Bär brummend im Kreis herum. Die Leute meinten, beide kämen von weither, aus dem Zigeunerland oder den Wäldern der Karpaten.

Tante Wulfen fand damals an einem Frühsommertag beim Arbeiten in einem kniehohen Haferfeld ein Rehkitz. Natürlich wollte es weglaufen, doch unsere Tante war schneller, fing es ein und steckte es in einen Sack. Mit einer Schubkarre

Vorne von links: mein Bruder Rudi, meine Schwester Gisl und ich, der Kleinste. In der hinteren Reihe von links: Onkel Herbert, Mutter, Tante Emma, Onkel Ernst, „Mama", Tante Wulfen

brachte sie es nach Hause. Der Nachbar Arthur Ohnesorge zog es heimlich in seiner Scheune auf. Am Ende wurde es geschlachtet und wie ein Zicklein zubereitet und gebraten.

Im Dorf lebte auch der lahme Ossmann, der Jäger in unserer Gegend. Sein rechtes Bein war steif. Er sagte nie „Guten Tag" zur Begrüßung, wie es sich gehört, sondern immer ein Sprüchlein: „Zindel ist eine schöne Stadt, pfui Zindel, pfui Teufel."

Am Heiligen Abend war es bei uns Brauch, dass Mutter mit einem Korb voller Brotschnitten in den Stall ging. Sie gab jeder Kuh eine Scheibe und sagte: „Es ist Heiligabend." Ich empfinde es heute noch als schöne Geste, die zeigt, wie eng zu jener Zeit der Mensch mit Natur und Vieh verbunden war.

Onkel Ernst, der Bruder unserer Mama, der einmal den Hof geerbt hätte, war ein richtiger Draufgänger. Zum Früh-

Onkel Ernst

stück verputzte er sieben bis acht Scheiben Brot mit Butter und dazu einen Topf voll Mehlsuppe, mit Milch gekocht. Er arbeitete aushilfsweise im großen landwirtschaftlichen Lagerhaus im Ort. Onkel Ernst war nicht groß, aber breit wie ein Schrank und sehr kräftig. Wenn andere Arbeiter nur einen Sack trugen, nahm er zwei davon unter die Arme.

Auf dem Tanzboden beim Scheike, beim Gebuhr oder beim Seidel ging es oft hoch her. Das waren die drei Gasthäuser in unserem Dorf. Wenn Onkel Ernst dort auftauchte - und er tauchte öfter auf -, ging ein Raunen durch den Saal: „Der Ernst kommt!" Er setzte sich an die Theke und trank Schnaps.

In Schlesien wurde mehr Weinbrand und Korn konsumiert als Bier. Die Schnapsgläser damals hatten einen handbreiten Stiel, Stielende und Glasanfang passten genau in Ernsts große Hände. Nach jedem ausgetrunkenen Glas drückte er die Faust fest zusammen, und der obere Teil des Glases flog in hohem Bogen davon. Keiner im Saal muckte auf, selbst der Wirt schaute dem Treiben hilflos zu.

Onkel Ernst war ein guter und immer hilfsbereiter Onkel, Angst aber hatte er nicht vor Gott und der Welt. Wehe, es kam ihn einer in die Quere, dann gab's Schnikke. Wenn er sich mit den anderen Dorfburschen raufte, lief Mama schnell heim und berichtete es Mutter. Mutter eilte sofort zum Tatort, um den Streit zu schlichten. Sie war die Einzige, die das konnte und durfte.

Onkel Paul, der älteste Bruder, zog das bessere Los. Er bekam eine Lehrstelle als Schiffsbauer in Rattwitz an der Oder. Noch vor dem Krieg ging allein nach Kiel auf die Howaldtswerft. Erst nach dem Krieg zogen seine Frau, Tante Hedel (Hedwig) mit ihren drei Kindern auch nach Norddeutschland.

Im Dorf hatten wir auch etliche große Bauern. Einer davon hieß Mühlsteff. Er wohnte nicht weit von uns entfernt und hatte mehrere Söhne und Töchter. Einer seiner Söhne war ein Freund von Onkel Ernst. Die beiden beschlossen, ein Kalb aus dem Stall des Vaters zu stehlen, um es heimlich zu verkaufen. Der Stall war ja voll davon. Vater Mühlsteff hat von alldem nichts mitbekommen, und das wäre ihnen auch nicht gut bekommen. So hatten die zwei Strolche wieder Geld, um es zu versaufen.

Unsere Bauern im Ort, das kann man mit ruhigem Gewissen sagen, waren wirklich fleißig. Sie schufteten von morgens vier Uhr an und mähten mit der Sense das tägliche Grünfutter für das Vieh. Die meiste Arbeit wurde mit der Hand gemacht, Maschinen konnten sich nur große Güter leisten. Wochen- und monatelang gingen die Bauern kaum ins Wirtshaus. Aber wehe, es kam eine Runde zusammen! Die Pferdewagen wurden vor dem Lokal angebunden, jeder Gaul bekam einen Hafersack umgehängt, und dann vergnügten sich die Männer mit Kartenspielen und Schnapstrinken. Wenn es dunkel wurde, holten die Angehörigen ohne zu murren die Gespanne heim. Das Saufgelage konnte drei bis vier Tage und Nächte dauern, bis alle genug hatten. Keine der Frauen hätte es gewagt, den Gastraum zu betreten oder gar die Männer heimzuholen.

Drehen wir mal die Zeit um hundertfünfzig Jahre zurück bis in die Tage meiner 1860 geborenen Urgroßmutter Schulz. Damals gab es in ganz Europa noch Hungersnöte. Kunstdün-

Familie Glodeck in Zindel um 1920

ger war unbekannt, landwirtschaftliche Flächen zum Bearbeiten gab es genug, doch viele Äcker und Wiesen waren Sumpfgebiete. Auch Schlesien ist ein flaches Land. Zu dieser Zeit mussten alle bäuerlichen Arbeiten mit der Hand verrichtet werden. Weit vor Sonnenaufgang, wenn der Tau noch auf Feldern und Wiesen lag, zogen die Männer mit ihren Sensen los.

Elektrizität gab es nicht. Häuser und Ställe wurden nachts mit Kienspänen beleuchtet. Aus harzhaltigem Holz wurden Stücke gehackt, an Wände und Säulen gesteckt und angezündet. Deshalb gab es damals viele Brände.

Wurst und Fleisch gab es, wenn überhaupt, höchstens sonntags und an den Feiertagen, zu Ostern, zu Weihnachten und zum Zindler Fest. Da gab es schon mal einen Braten von Huhn, Ente oder Hase. Der Vater, Oberhaupt der Familie und absolute Respektsperson, teilte den Braten auf. Bei elf Personen am Tisch kann man sich vorstellen, wie klein die Portionen waren, die jedem Einzelnen zugeteilt wurden. Der Hausherr war ja der alleinige Ernährer.

Kartoffeln waren das Hauptnahrungsmittel. Wochentags gab es in fast allen Häusern zum Mittag- und Abendessen einen Riesentopf Pellkartoffeln mit Salz. Butter gab es nur bei großen Bauern, die mehrere Kühe hatten, ab und zu auch Buttermilch. Nur einmal im Jahr wurde ein Schwein geschlachtet, das war ein Fest, schöner noch als Weihnachten! Da konnten sich die Kinder und Erwachsenen einmal richtig satt essen an der Schlachtschüssel, der guten Wellwurst mit Kraut und Brot.

Ab und zu gab es einen Hering zur Kartoffelmahlzeit. Er wurde der Länge nach aufgeschnitten. Die Kinder durften nur mit den Kartoffeln über den Räucherfisch streichen, um in den Genuss des Fischgeschmackes zu kommen, Vater und Mutter durften ihn zuletzt aufessen.

Vor jeder Mahlzeit wurde das Tischgebet gesprochen. Alle standen in Reih und Glied um den großen Tisch herum, und wehe dem, der aufmuckte oder gar kicherte! Urgroßvater Guhr verstand da keinen Spaß. Im Nu war der Hosengürtel ab, und dann gab's was mit dem Leder. Bei Widerrede mussten die Kinder auf Holzscheiten knien, und das nicht nur kurze Zeit. Die Frauen hatten zur damaligen Zeit nicht viel zu bestimmen. Wer anschaffte, war der Hausherr allein.

In aller Herrgottsfrühe musste man noch bei Dunkelheit, bei Wind und Wetter, sommers wie winters zwanzig Kilometer oder mehr zur Arbeitsstelle laufen. Erst spätabends kam man nach Hause zurück, im Winter war es dann schon finster. Wer das nicht schaffte, war verloren. Einen Arbeitsunfall zu erleiden oder gar krank zu sein kam einem Todesurteil nahe.

Es war bei Gott nicht leicht für meine Urgroßmutter, neun hungrige Mäuler zu stopfen. Jede Möglichkeit wurde ausgenutzt, um ein paar Pfennige dazuzuverdienen. Aus der Not entstand so die Kinderarbeit: Ab sechs, sieben Jahren mussten Mädchen wie Buben mit anpacken, ein jeder hatte seine Aufgabe. An den Nachmittagen gingen die größeren Kinder als Hilfsarbeiter zu den Gütern und Domänen. Bei der Kartoffelernte ging es im Akkord, für jeden vollen Korb gab es ein paar Pfennige. Am Abend wurde dann abgerechnet, der Tageslohn betrug meist ein bis zwei Mark.

Der Treck

Am 20. Januar 1945, einem eiskalten Tag, begann die Flucht aus unserer Heimat. Der traurigste Moment für Abermillionen ostdeutscher Bürger im sogenannten Dritten Reich war gekommen. Ein in aller Eile zusammengestellter Treck aus etwa fünfundzwanzig Pferdewagen, kommandiert von einem gewissen Herrn Kaufmann, setzte sich langsam in Bewegung. Die Evakuierungsmaßnahmen waren abgeschlossen, eine unheilvolle, entbehrungsreiche und traurige Zukunft lag vor uns. In der Ferne am blutroten Himmel war bereits Geschützdonner zu hören, die Kriegsfurie rückte immer näher.

Erster Halt war um zehn Uhr abends in Klettendorf im Kreis Breslau. Am 21. Januar, einem Sonntag, legten wir in Ramsfeld, Kreis Neumarkt, einen weiteren Halt ein. Dort übernachteten wir in einem Schloss, welches Stunden zuvor von der Grafenfamilie fluchtartig verlassen worden war. In einem riesigen, pompös ausgestatteten Saal stand ein wunderschönes Schaukelpferd, aber wir Kinder durften uns nicht draufsetzen und auch nichts anfassen. Es hieß, die Herrschaften kämen bald wieder zurück, und dann gäbe es Ärger.

Quartiere gab es in diesen Tagen genug: Ganze Dörfer waren verwaist, Hals über Kopf war in wenigen Stunden alles verlassen worden, Gutshöfe, Bauernhäuser, Schulen - alles stand leer. Lebensmittel aller Art lagen reichlich in den überstürzt verlassenen Häusern.

Stationen unserer Flucht durch Schlesien waren Breslau, Neumarkt, Liegnitz, Jauer, Goldberg, Bunzlau und Lauban. Immer schneller holte uns die bittere Wirklichkeit des Krieges ein: Fliehende aus allen Himmelsrichtungen rasteten scharenweise in den leeren Orten, Treck an Treck reihte sich hintereinander. Eine solche Kolonne war kilometerlang, und man fühlte sich in dieser Masse etwas „geborgener". Wir Kinder wälzten uns im Schnee, Pferde, Kühe, Schafe und Hunde dazwischen.

Ein paar Stunden Nachtruhe in den zugewiesenen Quartieren mussten genügen, dann ging es in aller Eile weiter. Wir

Der Treck am 28. Januar 1945 zwischen Semmelwitz und Goldberg, Kreis Jauer

und die Tiere brauchten Verpflegung, um die Strapazen zu überstehen. Viele Pferde waren der Schinderei und der Kälte nicht gewachsen, sie fielen einfach um oder verendeten im Straßengraben. Ersatzpferde mussten her. So manche Familie gab ihr letztes Hemd, um ein einigermaßen gutes Gespann zu haben, denn ohne Wagen und Pferde war man verloren.

Immer wieder hieß es: „Schneller, schneller! Die Russen kommen immer näher!" Von unsagbaren Gräueltaten wurde berichtet, und leider entsprachen die Gerüchte der Realität. Gnadenlos wurden ganze Trecks von hinten durch Panzer der Roten Armee überrollt. Pferde, Kleinkinder, alte Leute, die Wagen - alles wurde von den Ketten zermalmt. Wer laufen konnte, floh nach links und rechts in die naheliegenden Wälder, wo viele der Unglücklichen elendig zugrunde gingen, verhungerten oder erfroren.

Ein Bild des Jammers war es, wie Urgroßmutter Guhr mit ihren fünfundachtzig Jahren auf dem eiskalten Wagen eingeschneit inmitten der zankenden Kinder in Betten und Dekken eingehüllt saß! Fürwahr ein Wunder, dass sie damals nicht erfroren ist. Die gute Urgroßmama starb 1946 in Mistelbach. Von ihr erbte ich einen Ledergeldbeutel mit Inhalt, einen Zweimarkschein und eine große Bratschenhose, eine Reiterhose mit seitlicher Schnürung. Dies war wohl damals ihr ganzer Besitz gewesen. Meinem Bruder Rudi passte die Hose, er zog sie aber nicht gerne an, denn er sah darin komisch aus, und wir Kinder lachten über ihn. Urgroßmutters Mutterkreuz halte ich heute noch in Ehren.

Während unserer Flucht stritten sich meine Schwester Gisela und ein gleichaltriges Mädchen aus dem Treck um eine Puppe. Tante Troche nahm ihnen das Spielzeug aus den Händen und sagte: „Wenn ihr euch nicht vertragen könnt, gehört sie keinem von euch, und ich werfe sie vom Wagen in den Schnee!“ Und das tat sie auch.

Vom flachen Schlesien kamen wir in bergige Gegenden. An den mit Eisen beschlagenen, großen Rädern unseres Wagens gab es keine Bremsen. Bergauf mussten wir alle mit anpakken und hinten am Wagen schieben helfen, um die ermüdeten, halbverhungerten Pferde zu unterstützen. Bergab bei Eis und Schnee kam so manches Fuhrwerk ins Schleudern und Rutschen, einige kippten sogar um und überschlugen sich. Mensch und Tier wurden verletzt. Gejammer und Chaos waren die Folgen, und dann musste man den ganzen Plunder wieder aufladen. Ein langer Knüppel, der in die Radspeichen gesteckt wurde und so als Bremse diente, verhinderte das Schlimmste.

Am 21. Februar 1945 wurden wir im tschechischen Lobowitz-Weberschan abends in einen großen Tanzsaal einquartiert. Es gab für alle einen Graupeneintopf. Niemand ahnte, dass er verdorben war. Mitten in der Nacht bekamen alle furchtbaren Durchfall. Vierzig und mehr Erkrankte knieten auf freier Wiese und verrichteten gezwungenermaßen ihre Notdurft, was am nächsten Morgen ein anrüchiges und peinliches Bild gab: die vielen braunen Häufchen im Schnee …

Die Straßen waren gesäumt von verunglückten, liegengebliebenen Fahrzeugen, die zurückgelassen werden mussten, genau wie auch viele Menschen. Da die meisten Hauptstraßen für Militärtransporte reserviert waren, musste der Treck auf Seitenstraßen und Feldwege ausweichen. Die ersten Kilometer hatten wir Kinder noch auf dem Wagen mitfahren dürfen, später mussten die größeren absteigen, um die Pferde zu entlasten. Jeder versuchte Schritt zu halten, um den Anschluss an den Treck nicht zu verlieren.

Es war sicher kein Vergnügen, die vielen Kinderwagen, die zum Treck gehörten, auf den verharschten Wegen vorwärtszuschieben. Häufig wurden sie einfach hinten an die Fuhrwerke angebunden. Den schweren Beanspruchungen eines Dauermarsches waren sie aber meist nicht gewachsen. Bald gab es Achsenbrüche, oder die kleinen schwachen Räder brachen auseinander. Aber Not macht bekanntlich erfinderisch: Viele Kinderwagen wurden kurzerhand auf einem Rodelschlitten festgezurrt. Auch die mitgenommenen Fahrräder erwiesen sich bald als unbrauchbare Transportmittel. Doch trotz aller Widrigkeiten legten wir manchmal bis zu zwanzig Kilometer pro Tag zurück.

Je weiter der Treck in den Westen kam, desto mehr Flüchtlinge waren auf den Straßen. Mitte Februar 1945 wurde es wärmer, doch mit Einsetzen des Tauwetters verschlechterte sich der Zustand der Straßen und Wege, und es ging nur sehr langsam vorwärts. Für die Menschen blieb die Situation weiterhin trostlos. In den Notunterkünften wurden nachts Schuhe und Kleidungsstücke in Ordnung gebracht, so gut es eben ging. Jeden Abend wurde das wenige Hab und Gut abgeladen, um es für kurze Zeit im Quartier zu verstauen und somit vor Dieben zu schützen. Am frühen Morgen wiederholte sich die ganze Prozedur in umgekehrter Richtung. Von den Gräueltaten und gewaltsamen Übergriffen, die in diesen Wochen oft stattfanden, erfuhren wir erst später. Unserem Treck, der bereits weiter Richtung Westen vorangekommen und somit den russischen Truppen immer einen Schritt voraus war, blieb so manches erspart.

In Labositz gab es einen Tieffliegerangriff auf unseren Treck. Jetzt ging es ums nackte Überleben. Zum Glück blieb der Angriff für unsere Familie ohne Folgen.

Dann wieder Alltag: Mama ging mit anderen Frauen dem Treck voraus. Quartiere mussten organisiert und Heu für die Pferde erbettelt werden, unsere Lebensmittelvorräte waren weitgehend aufgebraucht. Leere und verlassene Dörfer gab es nun nicht mehr. Um jede Unterkunft, und sei es eine Scheune oder ein leerer Stall, musste gebettelt und gefeilscht werden, noch dazu in einer fremden Sprache. Warme Stuben oder gar warmes Essen kannten wir kaum mehr. Die Ortsansässigen litten selbst Not und hatten nichts zu verschenken.

Babys und Kleinkinder erfroren auf den Wagen. Ihr Leichname wurden in alte Decken gewickelt und am Straßenrand wie Puppen abgelegt, denn zum Beerdigen war keine Zeit, und Werkzeuge wie Spaten oder Schaufel hatte niemand dabei, zudem wäre es bei dem hartgefrorenen Boden ohnehin nicht möglich gewesen, ein Grab auszuheben. Ein Zurückbleiben hinter dem Treck wäre wohl einem Todesurteil gleichgekommen.

Abends, oft auch spät in der Nacht, wenn wir ein Dorf erreicht hatten und der traurige Zug hielt, wurden die Kinder und die alten Leute halb steifgefroren vom Wagen gehoben und in das kalte, erbärmliche Nachtlager gebracht. Mein Bruder Rudi und andere halbwüchsige Jungen schwärmten aus, um etwas Essbares zu erbetteln. An den kalten Winterabenden wurden uns Kindern die Füße und die halb erfrorenen Hände in heißes Wasser gesteckt, und wir heulten vor Schmerzen.

Meine Schwester Gisela bekam Kopfläuse. Unserer Mama wurde Spiritus als Gegenmaßnahme empfohlen. Zwar wurde mein Schwesterherz auf diese Weise die Läuse los, doch ihre Kopfhaut entzündete sich entsetzlich, und das bedauernswerte Geschöpf wimmerte tagelang vor Schmerzen.

Ankunft in Niederbayern

Langsam näherte sich unser Leidenszug der bayerischen Grenze. Zwischen Straubing und Plattling, nahe Bogenberg, kam der Treck zum Stillstand. Endlich war die ungewisse, zermürbende Fahrt zu Ende. Die Wagenkolonne löste sich auf, alle Flüchtlingsfamilien wurden in die umliegenden Dörfer verteilt. Wir wurden einem großen Bauernhof direkt an der Donau zugewiesen. Am 15. März kamen wir bei Wallners im niederbayrischen Alkoven an, damit war unser Leidensweg zunächst einmal beendet. Die Flucht von Zindel bis hierher hatte genau einundfünfzig Tage gedauert. Dabei hatten wir etwa sechshundertfünfundzwanzig Kilometer zurückgelegt, was einem Tagesdurchschnitt von gut zwölf Kilometern entspricht.

Der Empfang bei der großen Bauernfamilie war gar nicht so unfreundlich, obwohl es damals nicht selbstverständlich war, dass die Vertriebenen mit offenen Armen aufgenommen wurden. Vielerorts galten wir als Zigeuner, Polacken, Weißrussen und Hergelaufene. „Schaut, dass ihr verschwindet!“ Auf gut niederbayerisch: „Schleichts eich!“ Doch Familie Wallner stellte uns ein kleines Austragshaus zur Verfügung. „Endlich“, sagte Mutter, „haben wir ein Dach über dem Kopf. Alles andere wird sich mit Gottes Hilfe schon geben.“ Schnell wurden unsere wenigen Habseligkeiten in den beiden winzigen Zimmern verstaut.

Mama und Rudi, damals zehn Jahre alt, wurden gleich am nächsten Tag von den Wallners zur Feldarbeit eingeteilt. Sie mussten auf dem Acker Rüben verziehen, das heißt mit der Hacke das Erdreich um die zarten Pflänzchen auflockern und diese in gewissem Abstand halten. Tagelang musste Rudi auch hinter der Sämaschine herlaufen, damit nichts verstopfte, danach in den kniehohen Getreidefeldern die Disteln herausstechen. Damals wurden die Äcker noch nicht mit Unkrautmitteln gespritzt.

Meine Schwester Gisl war ein Jahr älter als ich, also sechs. Wir hatten das Glück, noch spielen zu dürfen. Im großen Innenhof lag ein riesiger alter Holzkahn. Wenn wir darin herumkletterten, erwachte in mir die Sehnsucht nach der großen weiten Welt. Gern liefen wir drei auch zur Donau hin. Wasser hat mich schon immer fasziniert und angezogen. Später sollte ich denn auch fünf Jahre lang zur See fahren, aber das ist eine andere Geschichte.

Einmal hörten wir ein donnerndes Rauschen in der Luft. Wir kannten das Brummen der Flugzeuge von unserer Flucht her - unser Treck war schließlich mehrfach von Tieffliegern überflogen und einmal sogar beschossen worden. „In Dekkung!", rief Rudi. Wir warfen uns zu Boden. Sechs Flieger, Amerikaner mit dem weißen Stern, rauschten über uns hinweg. Sekunden später hörten wir das Rattern schwerer Maschinengewehre und Bombengeheul, und bald darauf sahen wir die großen Häuser in Plattling brennen. Ja, es war noch immer Krieg!

Wir liefen den Damm hinauf, und da war sie: die viel besungene schöne blaue Donau. Blau war sie nicht, aber breit. Welch ein unvergesslicher Anblick! Und der ganze Fluss war voller Papier, Bücher, Zeitungen und allerlei Unrat. In der Sonne getrocknet, ergab das für uns die schönsten Malblätter. Die Bleistifte besorgten wir uns von Rosa, der Tochter unserer Wirtsleute. Rudi, schon des Lesens und Schreibens kundig, bekam von Mutter ab und zu Hausaufgaben. Gisl und ich hatten dagegen freie Wahl beim Bemalen der knittrigen Blätter.

Zu jener Zeit wurde im Gäuboden - wir waren mitten im fruchtbarsten Bauernland Niederbayerns - noch Hirse angebaut. Mittags und abends bereiteten die Wallners für ihre Landarbeiter in Milch gekochten Hirsebrei mit Zucker zu, für uns Kinder ein nie vergessener Genuss. Danach gab es Limonade, die sogenannten „Kracherl". Die Flaschen hatten einen Bügelverschluss, die beim Öffnen einen kleinen Knall hören ließen. Für uns Kinder und die Erwachsenen war es eine herrliche Erfrischung, von der wir auf unserer Flucht nur hätten träumen können.

Immer nur Hirsebrei war auf Dauer zu eintönig, aber Mama wusste sich zu helfen: Sie tauschte ihr kostbarstes Stück, ihren geliebten Pelzmantel, den sie von zu Hause mitgenommen hatte, gegen Lebensmittel ein. Rosa, ein strammes Weib,

Unter der Türe, zweite von links Rosa. Foto von 1975.

war scharf auf den Persianer. Sie ließ sich nicht lumpen und zeigte sich unserer Mama gegenüber großzügig: Brot, Wurst, Schinken, Eier, Mehl und Butter. So konnten wir uns, seit langen Wochen weg von zu Hause, wieder selbst verköstigen.

Anfang Mai gab es große Aufregung: „Die Amis kommen!“ Schnell wurde ein weißes Tuch an einen Rechenstiel gebunden und im ersten Stock aus dem Fenster gehängt, um bei den neuen Besatzern ungeschoren davonzukommen. Herr Wallner nahm das Hitler-Bild von der Wand und verbrannte es.

Mama freundete sich allmählich mit Rosa an, was uns sehr zugute kam. Es entstand so etwas wie geschwisterliche Zu-

Das Anwesen der Familie Wallner in Alkoven. Foto von 1959

neigung. Mama und Rosa waren ein Herz und eine Seele, hatten sie doch vieles gemeinsam. Allerdings lebten wir jetzt in einem streng katholischen Landstrich, wir Flüchtlinge waren aber ebenso streng evangelisch. Das war zu der Zeit oft ein unüberwindbares Hindernis.

Im Frühjahr gingen Mama und Rosa oft in den Abendstunden zur Maiandacht in die nahegelegene Dorfkapelle. Mutter war davon, so glaube ich, nicht sehr begeistert, doch unsere Familie gewann dadurch im Ort an Ansehen. Einmal wallfahrteten sie sogar in das zwanzig Kilometer entfernte Bogenberg. Mama sagte danach stolz, sie habe die größte Kerze der Welt gesehen.

Wallners Anwesen und zwei andere große Gehöfte lagen etwas abseits in einem Weiler namens Alkoven. Eines Morgens war große Aufregung im Hof: Von überallher kamen Bauern mit ihren Fohlen angereist. Damals war es mir ein

Rätsel, was sie mit den jungen Pferden hier wollten. Mir schien es grausam, wie sie die Tiere bearbeiteten und quälten. Erst Jahre später wurde mir klar: die Pferde waren kastriert worden.

Ein Trupp versprengter deutscher Landser, wie ich vermutete, von den Amis verfolgt, rannte hinter dem Haus entlang. Sie rissen sich alles vom Leib, was an Militär erinnerte. Stahlhelme, Gewehre, Gasmasken, Uniformjacken und so weiter flogen in hohem Bogen in den nahen Weiher, wo sie vermutlich heute noch liegen. Und weg waren sie.

Zu jedem Bauernhof gehörten Katzen und Hunde. Auch unsere freundlichen Wallners hatten zwei Hofhunde. Der Bernhardiner Karo war so groß wie ein junges Kalb, gutmütig und verspielt. Nie zuvor hatten wir einen so großen Hund gesehen. Manchmal durften wir sogar auf ihm reiten, doch nach ein paar Metern schüttelte er uns ab. Er bellte selten, und wenn, dann klang es heiser und rau. Holzstöcke oder Steine, die wir weit wegwarfen, apportierte er unermüdlich. Allerdings scheute er das Wasser, deshalb hielt er sich von der Donau fern. Wallners hatten auch noch einen Schäferhund, aber der hing an der Kette, und mit ihm war nicht zu spaßen.

Abschied von den Wallners

Der Sommer nahte, und unsere Mutter wurde täglich unruhiger und mürrischer. Die scheinbare Idylle hatte drei Haken. Wir Kinder waren im Schulalter, Rudi war schon in Zindel zur Schule gegangen und bei den Pimpfen gewesen, einer Vorstufe zur Hitlerjugend. Hier jedoch war weit und breit keine Schule. Dann war da der konfessionelle Unterschied, und außerdem gab es kaum eine Infrastruktur; keine Einkaufsmöglichkeiten, keinen Arzt.

Die Sprache und den Dialekt der Niederbayern und der Schlesier trennen Welten. Mutter hat die alten Wallners nie verstanden. Sie meinte, sie hätten immer nur „hau, hau" gesagt.

Auf der Flucht war Mama schwanger gewesen, hier in Alkoven gebar sie nun ein Mädchen. Doch Ursula wurde nur ein paar Wochen alt. Im Sommer 1945 wurde unser kleines Schwesterchen in Mistelbach begraben.

Eines Tages hieß es, der Treck stelle sich wieder zusammen. Der Krieg war aus, jeder durfte leben und wohnen, wo er wollte. Das kam unserer Mutter gerade recht. Ein kleiner Teil des ehemaligen Trecks fand sich zusammen, und wieder ging es mit den Pferdewagen los, diesmal in Richtung Bayreuth.

Wenn unsere Großmutter sich damals bei den Wallners nicht so durchgesetzt hätte, wären wir sicherlich in Niederbayern heimisch geworden und hätten dort auch unser Leben gemeistert. Bis zum heutigen Tag haben wir zu der Bauernfamilie ein herzliches Verhältnis. Als Mama noch lebte, fuhr ich oft mit meinen Geschwistern nach Alkoven, um alte Erinnerungen aufzufrischen, und wir waren dort immer sehr willkommen. Bei diesen Gelegenheiten gab es stets eine gute Bauernbrotzeit, allerdings nicht mehr mit einem Kracherl, sondern mit einem süffigen Bier.

Bei einem dieser Besuche - ich war jung verheiratet - sagte einer der Wallners zu meiner Frau: „Ja, du bist ja a ganz a Scheene", worauf meine Frau heute noch stolz ist. Doch geht

Anwesen der Wallners, von der Donau aus gesehen; im Hintergrund der Bayerische Wald

leider alles einmal zu Ende: Im Frühjahr 2004 waren wir Geschwister mit unseren Ehepartnern wohl das letzte Mal bei den Wallners. Beinahe alle sind inzwischen gestorben, nur Maria mit ihren fünfundsiebzig Jahren ist noch da. Sie ist kinderlos geblieben. Der große Bauernhof, in dem einmal viel Leben war, steht leer - keine Tiere sind mehr zu sehen, nichts regt sich. Bei unserem letzten Besuch lag eine beklemmende Ruhe über dem großen Anwesen.

Das Lager in Mistelbach

Angeblich sollten wir von Bayreuth nach Hof weiterziehen, doch die amerikanischen Besatzer hielten uns auf und ließen uns nicht weiter. „Bei Hof kommt ihr in die russische Zone“, hieß es. Mutter befahl, in Mistelbach zu bleiben und ins Lager zu ziehen - sonst wären wir am Ende noch Kommunisten geworden. Der Treck wurde endgültig aufgelöst.

Drei riesige Baracken in Hufeisenform erwarteten uns. Ein traurig-melancholischer, etwas unheimlicher Schatten lag über den grauen Behausungen, wie ein Hauch von Konzentrationslager. Ein Völkergemisch aus Ukrainern, Russen, Polen, Jugoslawen und Franzosen - auch viele ehemalige Kriegsgefangene aus aller Herren Länder - hatte sich hier zusammengefunden. Ein Fuhrwerk nach dem anderen kam an. Die Ukrainer mit ihren kleinen Panjepferdchen, die Wägelchen vollgestopft mit Kindern und alten Leuten, die nicht mehr laufen konnten, dazu die vielen Lumpen, Rucksäcke, Koffer, allerlei Hausrat und was man auf der Flucht so zusammenklauen konnte, ein Gewirr an unterschiedlichsten Sprachen und Dialekten - ein Chaos! Das Lager war hoffnungslos überfüllt. Ein Herr Liebert, selbst Flüchtling aus Königsberg in Ostpreußen, wurde provisorisch zum Lagerleiter gewählt und bekam die unglaublich schwere Aufgabe, in dieses Völkergemisch Ordnung zu bringen.

Viele Vertriebene, auch die Neuankömmlinge, wurden zurückgewiesen und auf die umliegenden Ortschaften verteilt und einquartiert. Etliche Familien hatten so Glück im Unglück. Damals gab es in den Orten fast ausschließlich Bauern, und der Bauernstand war hoch angesehen: Hast du was, so bist du was! Jedes Zimmer und jede noch so kleine Kammer wurde mit Menschen vollgestopft, jede leerstehende Stube musste zur Verfügung gestellt werden.

Wir hatten in Schlesien Haus und Hof besessen und gut, wenn auch nicht im Überfluss gelebt. Und nun dieses unbeschreibliche Elend! Für uns Kinder war es ein aufregendes und spannendes Abenteuer, doch bis heute verstehe ich nicht,

Herbst 1945 vor dem Lager in Mistelbach. Die Frau im Vordergrund ist Marta Brünner.

dass unsere Mama und Großmutter nicht darüber schimpften. Ohne Murren und Klagen ertrugen sie ihr Schicksal.

Jetzt war das große Problem der Einquartierung zu lösen. Eine Baracke war ungefähr hundert Meter lang und dreißig Meter breit. Das ergab fünf große Räume, jeweils durch einfache Bretterwände unterteilt. Ein Raum war etwa zwanzig Quadratmeter groß. In einen dieser Räume wurden wir mit achtzehn anderen Personen eingepfercht, die zum Glück teilweise aus unserem Heimatort stammten.

Jeder Familie standen drei oder vier Quadratmeter zu. Ein Kreidestrich wurde gezogen: Das ist unser Platz, das eurer. Zwei Personen mussten sich einen Strohsack teilen, geschlafen wurde auf der Erde. Die Baracken waren im Krieg für den Reichsarbeitsdienst, kurz RAD, aus einfachen Brettern schnell zusammengezimmert worden.

Dreihundert bis dreihundertfünfzig Personen verschiedenster Nationalität auf engstem Raum - das war ein Sauhaufen

Teilansicht der Baracken in Mistelbach in den 1950er Jahren.

ohnegleichen! Kriminelle, Gauner, Verbrecher, Betrüger, Halunken, Schieber, alles, was man sich denken kann, alle Spielarten der untersten Schicht waren vertreten. Wir kamen vom Regen in die Traufe. Es wurde mit allen möglichen Tricks gearbeitet: geschachert, getauscht, gefeilscht, geklaut, betrogen, verkuppelt - jede Lumperei wurde ausgenutzt, um sich zu bereichern. Streitereien, Eifersüchteleien, ja sogar Schlägereien waren an der Tagesordnung.

Kinder sowie Erwachsene sammelten die Kippen, die die Amis weggeschmissen hatten, und verkauften sie dann einzeln oder tauschten sie gegen Schnaps und Lebensmittel. Ein anderer malte abstrakte Bilder, welche die Barackenwände zierten. (Man hätte sie als Andenken aufheben sollen.)

Der spindeldürre Herr Bornfeld machte sich sogar selbstständig. Mit dem Fahrrad bereiste er die Umgebung und verkaufte Kurzwaren. Dieses Fahrrad war in jeder Hinsicht ein selten komisches Vehikel und hatte einen selbst angefertigten Beiwagen, in dem Bornfeld seine Utensilien verstaute. Ungewöhnlich an dem Gefährt war auch, dass es keine Kette

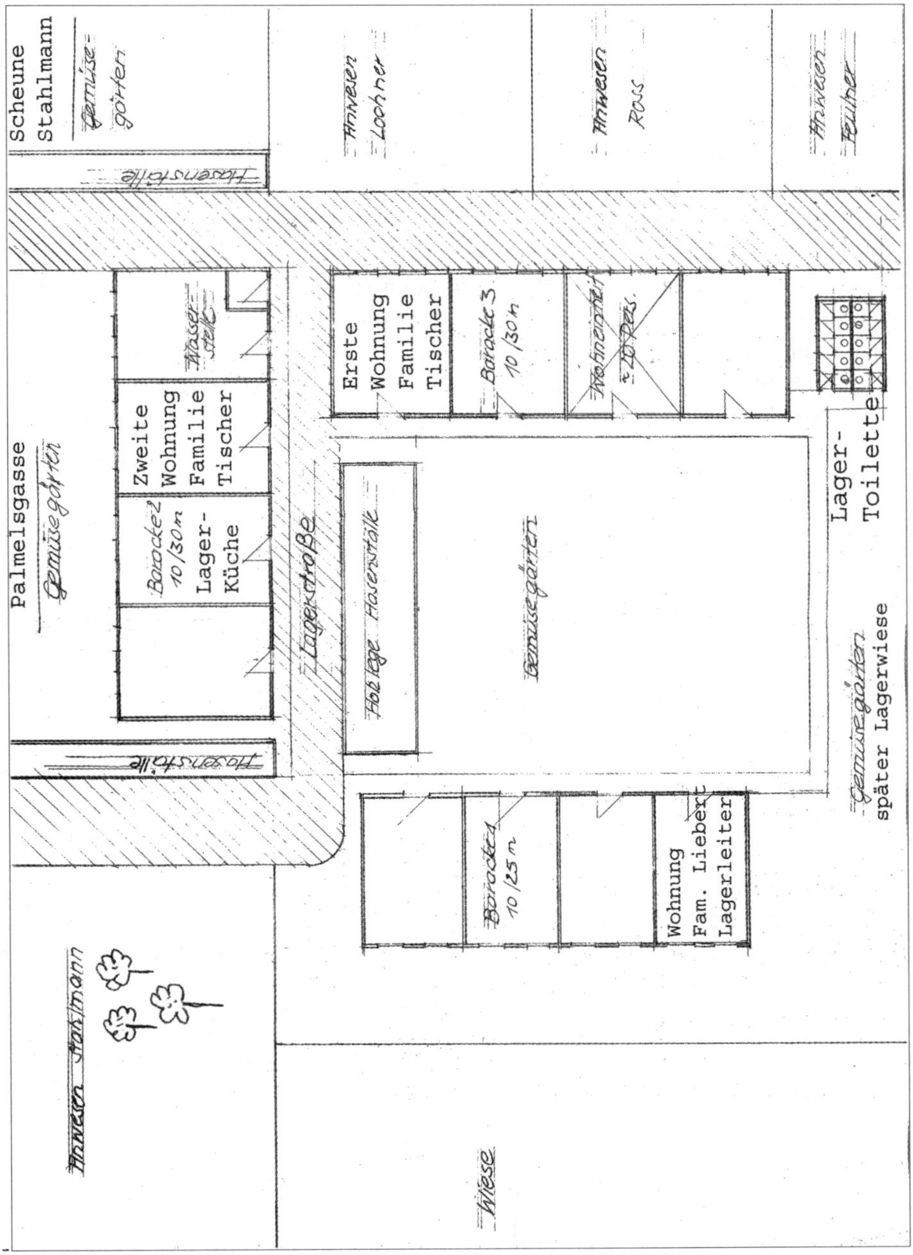

Plan des Barackenlagers Mistelbach aus der Erinnerung des Autors.

hatte; der Antrieb erfolgte mit einer Pleuelstange. Von der Mitte des Zahnrads bis zur Hinterachse des Fahrrads war sie sichtbar angebracht. Der Vorteil bestand darin, dass ihm keine Kette reißen konnte. Niemand, der das lustige Gespann sah, konnte sich ein Lächeln verkneifen. In seinem Sortiment hatte Herr Bornfeld auch die neuesten Waschmittel: Persil-Waschpulver von Henkel, in Halbkilotüten abgepackt. Bei Regen quoll das Seifengemisch aus seinem Beiwagen.

Im Lager herrschte ein heilloses Durcheinander. Alle machten, was sie wollten; niemand kümmerte sich um uns, jeder suchte nur seinen eigenen Vorteil, um am Leben zu bleiben. Vom Staat war keine Hilfe zu erwarten, es gab keinen. Keiner war zuständig für das Chaos. Weder Bürgermeister noch Polizei oder sonstige Obrigkeiten ließen sich sehen, denn sie existierten oder funktionierten nicht.

Wir schrieben noch das Jahr 1945 - Deutschland war am Boden zerstört. Es gab so gut wie nichts; Handwerksbetriebe, Fabriken, Geschäfte und so weiter mussten erst wieder aufgebaut werden. Damals gab es noch Reichsmark, viel Papiergeld, doch es war nichts mehr wert. Pfennigbeträge gaben wir beim Kaufmann Bayerlein im Ort für das Notwendigste aus. Abgepackte Waren gab es nicht. Zucker, Salz, Mehl, Sauerkraut, Margarine, Malzkaffee, Gries oder Graupen wurden abgewogen und in kleine Papiertüten gepackt. Wenn Frau Bayerlein gut aufgelegt war, gab sie uns ein Bonbon extra, das wir Kinder aber nicht gleich in den Mund steckten, sondern erst der Mama oder der Mutter zeigten; so stolz waren wir darauf. Oft half ich Herrn Bayerlein beim Ausladen der Ware, die er beim Grossisten in Bayreuth geholt hatte. Er fuhr damals das einzige Auto im Dorf, einen Opel P4. Für meine Hilfe durfte ich vom Laden bis zur Garage mitfahren. Das waren die ersten Autofahrten meines Lebens, und ich genoss sie!

Überlebenskünste

Jeder wollte arbeiten. Nein, faul waren wir alle nicht, und ich betone: alle. Aber es gab keine Arbeit. Das Baugewerbe (später der größte Arbeitgeber) lag darnieder. Die Städte waren zerbombt, überall Ruinen, nichts als Ruinen. Es sollte noch Jahre dauern, bis alles wieder in die Gänge kam. Der gesamte Alltag drehte sich um die Beschaffung von Lebensmitteln. Alle wollten überleben, der drängende Wunsch nach etwas Essbarem, egal was, war groß. Hauptsache, etwas zu kauen und der Magen war voll!

Also mussten die Bauern herhalten. Alt und Jung, Männlein wie Weiblein verdingten sich bei den umliegenden landwirtschaftlichen Anwesen. Auch das war nicht immer leicht. Viele erlebten eine handfeste, körperliche Niederlage, wenn sie mit der Peitsche vom Hof gejagt wurden: „Verschwindet, ihr Halunken! Wollt bloß klauen und stehlen, ihr Zigeuner und Wasserpolacken!“ Doch die meisten wurden, wenn auch mit viel Misstrauen, aufgenommen. Bargeld für die Arbeit gab es nicht, entlohnt wurde nur mit Naturalien, denn die kleinen Landwirte lebten nicht im Überfluss. Sicher, die Grundnahrungsmittel waren vorhanden, doch es gab auch nicht jeden Tag Kaffee und Kuchen.

Kühe hüten war ein Privileg für uns Jungen. Bei Postherath, einer kleinen Bauernfamilie, deren Anwesen unmittelbar an die Lagerwiese grenzte, durften wir drei oder vier Kühe und ein paar Ziegen durchs Dorf auf die Hutwiesen treiben, sich vollfressen lassen und abends wieder zurück in den Stall bringen. Danach gab es etwas zu essen: einen Topf Kartoffeln und eine Schüssel mit Kopfsalat. Ich fing an zu heulen: „Das ist doch kein Essen!“ Da wurde ja sogar in der Lagerküche besser gekocht! Bei diesem Bauern hütete ich nie mehr die Kühe.

Einige Zigeuner fingen bei einer nächtlichen Aktion im Dorf einen Hund. Sie schlachteten ihn und zogen ihm kurzerhand das Fell über die Ohren. Danach zerlegten sie den Vierbeiner fachmännisch, um ihm das Aussehen von Wildbret zu geben.

Blick vom Lager auf Mistelbach 1948.

Den jungen Frauen im Lager erklärten sie, dass sie das Tier für zwei Flaschen Schnaps und eine halbe Stange Amizigaretten vom hiesigen Jäger erhalten hätten. Ahnungslos brieten die Köchinnen das vermeintliche Reh, ohne zu ahnen, dass es sich um einen Hund handelte.

Tage später sprach sich das Ereignis im Lager herum. Die Besitzerin des armen Tieres lief nämlich im Dorf umher und suchte ihren Pfeffer, so hatte der Hund geheißen. Aber ihr liebes Tier blieb verschollen. Ein Verdacht blieb freilich an uns, den „Lagerpolacken", hängen. Von Zeugen erfuhren wir später, der Braten soll ein wahrer Festschmaus gewesen sein - kein Wunder bei der herrschenden Lebensmittelknappheit.

Wir drei Geschwister und alle Lagerkinder gingen rund um Mistelbach zum Betteln und Fechten. Jede Clique hatte ihr spezielles System. Die freigiebigsten Bauersfrauen, unsere „Quellen", wurden geheim gehalten und unter keinen Umständen verraten. Meistens wurde uns Kindern altbackenes

Brot gegeben. Das war uns recht und lieb. Mutter kochte daraus eine Suppe, die ich heute noch gerne zubereite: In heißes Wasser gibt man Schweinefett oder Schmalz, Salz, Pfeffer, gehackte, angebräunte Zwiebeln sowie fein geschnittenen Knoblauch. Das Brot wird in Stücke gebrochen und alles in die heiße Brühe gegeben - fertig ist das Arme-Leute-Essen.

Am liebsten ging ich zum Bauern Färber, aber nicht zum Hermann, einem späteren Schulkollegen von mir, sondern zu seiner großen Schwester Johanna. Hermanns Schwester war ein rassiges, hübsches Mädchen, leider viele Jahre älter als ich. Aber das machte mir nicht das Geringste aus. Ich, der kleine, unscheinbare Flüchtlingsjunge von sechs Jahren, war zum ersten Mal verliebt. Johanna war dunkelhaarig und konnte so schön mit ihren braunen Augen rollen, und ich bekam von ihr obendrein eine Kante Brot. Auch ich war ein schönes Kerlchen, blond wie Stroh mit dunkelbraunen Augen. Unsere Bäckerin in Zindel hatte früher stets gesagt: „Der Junge ist eine seltene Schönheit."

Besondere Gaben wie Eier, Butter, Wurst oder gar Speck wurden, wenn sie überhaupt herausgegeben wurden, den bettelnden Frauen überlassen. Räucherspeck war mehr wert als Geld und nur mit amerikanischen Zigaretten der Marke Lukky Strike zu begleichen, das war die wirkliche Währung. Vor allem fett musste alles sein, der Nachholbedarf war groß.

Holzmachen war ausschließlich Männersache. Wohl dem, der ein Leiterwägelchen sein Eigentum nennen konnte, denn damit war es mühelos möglich, eine gewisse Menge Holz nach Hause ins Lager zu bringen. Die Wälder waren wie leer gefegt. Bei größeren Mengen musste man zum Förster gehen und einen Holzleseschein beantragen. Er kostete ein paar Mark, aber ein halbes Dutzend Zigaretten, eine Flasche Schnaps oder ein Stück Geräuchertes taten es auch. Die meisten schlichen jedoch heimlich in aller Frühe oder spätabends in den Wald, um den Obolus zu sparen.

Die Jugendlichen oder Halbstarken, wie sie damals hießen, waren für das Kleinholz zuständig. Wir Kinder sammelten Fichten- oder Föhrenzapfen, die sogenannten „Butzelkühe". Mit dem Kleinholz in einem Sack auf dem Buckel ging es heim, und die Ausbeute wurde im Holzschuppen gelagert. Auch

Mutter ging ab und zu in den nahegelegenen Bauernwald, um Kleinholz zum Anschüren des Ofens zu sammeln. Eines Tages kam der dreizehnjährige Bauernsohn und befahl ihr unmissverständlich, die Tasche auszuschütten. Mutter musste unverrichteter Dinge den Wald verlassen.

Nur das Wurzelstöckeausgraben kostete nichts, doch das so entstandene Loch musste wieder zugeschaufelt werden. Das war eine beschwerliche Arbeit, die nur kräftige Männer bewerkstelligen konnten. Wer es nicht glaubt, der sollte einmal versuchen, nur mit Spaten und Hacke einem hundertvierzigjährigen Stock zu Leibe zu rücken. Ein Tag, ein Stock – mehr ging nicht! Im Wald ging es rauf und runter, öfters fiel der Wagen um, und der große Krüppel lag abermals am Boden. Es war eine schreckliche Schinderei. Wohl dem, der eine Frau oder Kinder hatte, die eine Brotzeit oder eine Kanne voll Tee anschleppten!

Doch die richtige Arbeit ging erst im Lager los. Das Monstrum musste mit Keilen aus Eisen oder Holz auseinandergesprengt werden. In armdicken Längen wurde es gespalten und schließlich mit der Säge in ofenfertige Stücke zerteilt. Danach wurden die Teile im Freien aufgekantet und ein bis zwei Jahre trocken gelagert. Erst dann sorgten sie für eine warme Stube.

In jedem Abteil des Lagers stand ein großer Gussherd, der im Winter abwechselnd von allen Familien geheizt wurde, auch nachts. Er durfte nicht ausgehen, denn in der Frühe wäre es sonst in unserer Behausung eiskalt gewesen. Kohle war nur in begrenzter Menge verfügbar und teuer, deshalb wurde nur in der Wohnküche geheizt, wo sich tagsüber das gesamte Familienleben abspielte. Die anderen Räume hatten keinen Kaminanschluss und blieben kalt. Nach Jahren schaffte Mutter einen gebrauchten Kochherd an mit einem sogenannten „Wasserschiff“, das am Ende der Herdplatte eingesenkt war. So hatten wir meistens warmes Wasser zur Verfügung.

Am Ende der Querbaracke war ein Stück unterkellert. Dort war ein Zapfhahn angebracht. Jede Familie hatte mindestens vier Blech- oder Emaileimer: zwei zum Wasserholen und zwei zur Reserve. Im Winter war das Wasser in der Früh öfters gefroren, Abfluss oder Kanalisation gab es nicht.

Rudi und ich schliefen in einem kleinen Kämmerlein. Links und rechts standen uns zwei Eisenbetten zur Verfügung, ein kleiner Schrank und zwei einfache Holzhocker komplettierten das Inventar. Bei strengem Frost schob Mutter ein paar Ziegelsteine in die Ofenröhre. Nach ein paar Stunden waren sie heiß, dann wurden sie dick mit Zeitungspapier eingewickelt und in das Bett gelegt. Eine solche „Wärmflasche“ erfüllte ihren Zweck bis in die Morgenstunden und war unbegrenzt haltbar.

Bekanntlich ziehen die Mäuse, wenn es kalt wird, in Häuser und Ställe. So wurden sie für uns im Winter zu alltäglichen, wenn auch ungeliebten Mitbewohnern. Fing man zehn von ihnen, kamen zehn andere nach. Das Geräusch der zuschnappenden Mausefallen war uns sehr vertraut. Lustiger war es, wenn die Mäuse auf den Gardinenstangen spazieren gingen und die eine oder andere dabei das Gleichgewicht verlor.

Alltägliche Nöte

Alle zwei Wochen wurde gebadet - es gab nur eine große Zinkwanne für die ganze Lagerbagage. Das Häuschen mit den Plumpsklos war etwa zehn mal fünf Meter groß und der Länge nach geteilt. In der Mitte befanden sich je sechs Kloschüsseln ohne Wasserspülung. An jedem Türchen war ein Schloss angebracht, doch schon nach Wochen waren die Schlösser kaputt oder mit Gewalt herausgerissen. Klopapier gab es nicht. Wir schnitten alte Zeitungen in handgroße Stücke und drückten sie an einen Nagel. Geputzt wurden die Toiletten selten oder gar nicht, denn keiner war zuständig oder wollte die Verantwortung übernehmen. Die hygienischen Verhältnisse waren fürchterlich, im Sommer stank es abscheulich. Alle paar Monate wurde die Grube von einem Bauern aus dem Dorf mit einer Stielkelle von Hand ausgeschöpft.

Überall fehlte es an Sauberkeit. Dass unter solchen Umständen keine Krankheiten ausbrachen, grenzt an ein Wunder! Die Mehlwürmer krabbelten an den Wänden, an der Decke und am Boden entlang. Am schlimmsten aber waren die Wanzen. Sie piesackten jeden, hauptsächlich in der Nacht. Alle paar Monate kam der Kammerjäger, dann mussten wir in aller Frühe die Zimmer verlassen, Türen und Fenster wurden zugeklebt und die Zimmer voll Gas gepumpt. Erst abends durften wir unsere armseligen Behausungen wieder betreten. Die Freude, nachts schlafen zu können, dauerte jedoch nur ein paar Wochen, dann war eine neue Generation von Plagegeistern geschlüpft, und es ging wieder los.

In dieser Zeit mussten wir alle ums Überleben kämpfen, Hunger und Not gehörten zum Alltag. Die Lagerverpflegung reichte bei weitem nicht aus. Grauenvoll war die sogenannte Kartoffelsuppe – sie bestand mehr aus Schalen als aus Kartoffeln. Die Großküche im Lager hatte auch nicht viel zu bieten, es fehlte an Nachschub. Aber da die meisten Bewohner mehr oder weniger aus bäuerlichen Familien stammten, bauten sie Kaninchen-, Gänse- oder Entenställe und stellten in jedem kleinsten Eck Verhaue auf. Wir hielten uns ein halbes

Lagerkinder 1949. Von links: Klaus Troche (mit kurzen Hosen), Karin Seifert, meine Schwester Gisl und ich als „Kasper", im Hintergrund Eberhard Liebert.

Dutzend Gänse, die im Spätherbst gestopft wurden: Kartoffeln und Getreide wurden gekocht, mit Kleie vermischt und dann mit der Hand zu kleinen Würstchen gedreht. Schnabel auf, Würstchen rein, mit dem Kochlöffelstiel nachgeholfen und dann einen Schluck Wasser hinterher. Die Quälerei wiederholte sich mehrere Male. Weihnachten war jedoch auf diese Weise gerettet.

Kaum waren die Felder in der Umgebung abgeerntet, ging die Ährenlese los. Nur die schnellsten machten hier das Rennen. Mähdrescher gab es damals noch nicht. Wir sammelten immer eine große Handvoll Ähren mit Halmen und banden sie zu „Puppen". Zwanzig bis fünfundzwanzig davon brachten wir Kinder am Tag zusammen. Sie kamen alle in einen Sack und wurden in die Schnörleinsmühle gebracht, wo der Müller uns etliche Pfund Mehl dafür gab. Er war auch Besitzer eines Sägewerkes, dort durften wir mit einer Art Spaten die Rinde von den Stämmen schälen und kostenlos als Brennmaterial mit nach Hause nehmen.

Für uns Kinder war das „Kartoffelstoppeln“ eine richtige Knochenarbeit. Zuvor mussten wir den Bauern um Erlaubnis fragen, doch wie freuten wir uns, wenn wir ein kleines Säckchen Kartoffeln zusammenbrachten! Sogleich lieferten wir die Erdäpfel in der Lagerküche ab. Sie wurden geschält und gerieben, und am nächsten Tag gab es dann Kartoffelpuffer mit Zucker oder Salz, die wir „Plotzgen“ nannten.

Tage vorher machten wir schon aus, wann wir in die Blaubeeren gehen würden. Brot, Quark, gekochte Eier und einige Kannen voll Tee wurden eingepackt, und in aller Frühe zog die Karawane los, Kinder wie Erwachsene, mit Eimern und Töpfen bewaffnet. Einmal kamen wir auf dem Heimweg in ein Gewitter. Es fing fürchterlich an zu regnen, und wir waren mitten im Gelände ohne Möglichkeit zum Unterstellen. Unsere Wassereimer waren voll mit Beeren, die der Regen ärgerlicherweise zum Teil wegspülte.

Ein Teil des Obstes wurde zu Hause eingeweckt. Gläser gab es dafür nicht, deshalb wurden die Beeren kurzerhand in Bierflaschen abgefüllt. Später in den Regalen fingen sie oftmals an zu gären und explodierten förmlich. Man kann sich das Ergebnis vorstellen.

Unsere Mutter war mit den neuen Lebensumständen einigermaßen zufrieden. Es gab in Mistelbach eine evangelische Kirche, eine Eisenbahnverbindung nach Bayreuth und eine Schule. Nur mit dem fränkischen Dialekt kam sie nicht so recht klar.

Wir brauchten nicht mehr auf dem Fußboden zu schlafen, sondern bekamen roh gezimmerte zweistöckige Bettgestelle. So richtig ruhig wurde es aber nie im Saal. Bis weit nach Mitternacht herrschte ein ständiges Kommen und Gehen, den ganzen Tag war fortwährend Kindergeschrei zu hören. Die einen lachten, die anderen schimpften, wieder andere weinten, und manche hatten Schmerzen. Es wurde gehustet, geschnäuzt und gefurzt. Reibereien, Sticheleien, Liebeleien, Hass und Wut gab es täglich. Einer schaute auf den anderen, man ging sich auf die Nerven. Gleich nebenan wurden Kinder gezeugt, drei Betten weiter wurde gestorben. Das größte Pro-

Von links: Tante Brünner, unsere Mutter, Tante Wulfen 1951

blem, glaube ich, war der Neid. Wertsachen, Süßigkeiten und dergleichen wurden vor neugierigen Blicken versteckt. Bloß nichts sehen lassen!

Unsere Mutter bewies in allen Lebenslagen großes Gottvertrauen. Sie hatte stets ein Sprichwort bei der Hand. Oftmals sagte sie mit erhobenem Zeigefinger zu uns Kindern: „Spare in der Zeit, so hast du in der Not!" Kaum zu glauben, aber wir haben damals wirklich noch gespart: Ein paar wenige Scheine von Mutters bescheidener Rente wie auch von Mamas Kriegerwitwenrente verschwanden in der wohlgehüteten braunen Ledertasche, die mit einem zusätzlichen Hosengürtel gesichert war.

Mitte der fünfziger Jahre bekamen wir vom Staat eine einmalige Ausgleichszahlung angewiesen; eine Art Entschädigung für in der Heimat verlorenen Grund und Boden. Man sprach von „Wiedergutmachung". Soweit ich mich erinnern kann, betrug sie etwa tausendzweihundert Mark. Ein Geldbriefträ-

Gruppenbild 1949 auf der Lagerwiese. Vorne von links: Tante Else, Tante Lukas, unsere Mutter; oben in der Mitte Mama.

ger kam und zahlte uns den reichen Segen in bar aus. Die damals für uns so hohe Summe wurde streng geheim gehalten, uns Kindern war bei Strafe verboten, irgendjemandem davon zu erzählen.

Das Geld wurde in Möbel für eine neue „gute Stube" investiert. Als die Einrichtungsgegenstände mit zwei Lieferwagen, einer davon ein dreirädriger Kleintransporter, angeliefert wurden, kam das halbe Lagervolk neugierig zusammen. In der Ferienwohnung meiner Schwester Gisl haben Wohnzimmerschrank, Tisch und Stühle noch heute einen Ehrenplatz als Erinnerung an unser Lagerleben.

Eines Tages kam ein Paket von Onkel Ernst aus Flensburg. Nach dem Krieg hatte es ihn dorthin verschlagen; er war auf einem Gut als Verwalter angestellt. Schnell sprach sich herum: „Die Wirsingmutter hat ein Paket vom Ernst bekommen!"

Im Nu standen alle daneben. Was sollte Mutter machen? Wenn sie es öffnete, musste sie wohl oder übel die Hälfte des Inhalts verschenken! „Das mache ich erst morgen auf", sagte sie also gleichgültig und schob das Paket unters Bett. Die heikle Situation war gerettet, und wir hatten den Inhalt für uns allein.

In der Baracke nebenan wohnte Familie Pelka, die wie wir aus Zindel stammte. Frau Pelkas vier Kinder waren schon etwas älter als wir und gingen bereits in Bayreuth zur Arbeit. Deshalb war auch in ihrer „Wohnung" ein Hauch von Wohlstand zu spüren. Pelkas waren die ersten Heimatvertriebenen aus Zindel, die in Mistelbach ein eigenes Haus bauten. Mit Schaufel und Spaten wurde Schicht für Schicht der Keller ausgehoben, ein schwerer, blauschwarzer, lehmiger Boden. Eine Schubkarre nach der anderen wurde in mühevoller Arbeit auf einem breiten Brett nach oben befördert. Auch ich half dabei, und so war uns kleinen Tagelöhnern am Abend eine kräftige Brotzeit sicher. Heute nennt man die Häuserreihe, die dort allmählich entstand, die Lahmasiedlung.

Kaugummi und Camels

In einer der Baracken lebte eine Familie, die sich für etwas Besseres hielt und den Umgang mit der Allgemeinheit mied – aus welchen Gründen auch immer. Bevor sie nach einigen Monaten spurlos verschwanden, durfte ich für sie ab und zu beim Kaufmann Bayerlein Einkäufe erledigen. Für diese Dienstleistung gaben sie mir immer fünf Pfennige.

Die frühreife Tochter der geheimnisvollen Familie war ein attraktives Frauenzimmer. Das Erste, was mir in ihrer Stube auffiel, waren die vielen Zigarettenschachteln, die auf dem Tisch herumlagen – mit dem unübersehbaren Bild eines Kamels. Eine solche Anhäufung kam mir sehr verdächtig vor. Alle Welt sammelte Kippen, und da lagen so viele Amiglimmstängel!

Einmal sagte die angebliche Bardame zu mir: „Da, mein Boy, ich schenk dir etwas Gutes." Erwartungsvoll öffnete ich zusammen mit meinem Bruder Rudi mit Hammer und Nagel die olivgrüne Büchse mit undefinierbarem Inhalt. Jeder nahm einen vorsichtigen Schluck. O Gott, schmeckte das Zeug bitter! Der Nachgeschmack war jedoch angenehm fruchtig. Die Dose stammte aus US-Armeebeständen und enthielt Grapefruitsaft aus Kalifornien.

Hin und wieder bekam ich auch einen Streifen Kaugummi von ihr geschenkt, das war damals der große Hit. Nach dem Gebrauch wurde er über Nacht in Zucker gelegt; am nächsten Tag konnten wir ihn dann wiederverwenden.

Das Amiflittchen, wie sie im Lager allgemein genannt wurde, trug, obwohl es im Frühherbst noch recht angenehm warm war, einen Kaninchenmantel. Stolz präsentierte sie den mausgrauen Pelz allabendlich auf dem Weg zum Bahnhof, wo sie den letzten Zug nach Bayreuth nahm. Herausfordernd leuchtete ihr knallrotes Kopftuch, das sie raffiniert nach oben gebunden hatte, zwei Enden nach links und rechts abstehend. Wir Halbstarken im Lager und die Dorfburschen im Pubertätsalter tuschelten untereinander, die „Puppe" würden wir gerne einmal „verkasematuckeln".

Feierabendstimmung im Lager Ende der 1940er Jahre.

Die stolze Schöne trug damals, was ungewöhnlich war, lange Hosen, noch dazu mit einer messerscharfen Bügelfalte. Misstrauisch wurde sie von allen Lagerbewohnern beäugt. „Deutsche Frauen" zogen keine Hosen an! Auffällig malte sie ihre Lippen rot an, genau wie ihre Fingernägel. Auch sonst war sie recht aufgetakelt. Sie wollte wohl eine feine Dame sein. Die Männer sagten ihr nach, sie rieche wie eine französische Damentoilette - für uns Jugendliche eine seltsame, doch interessante Vorstellung.

Zum Frühstück aßen die Möchtegern-Besseren Eier aus Eierbechern. Das hatte ich vorher noch nie gesehen. Wofür sollte das denn gut sein? Schmeckten sie dann besser? Wir verzehrten unsere gekochten Eier immer nur aus der Hand!

Ihre Bude war immer verqualmt, und es roch aufdringlich nach 4711. Hinter vorgehaltener Hand tuschelten die Frauen, das „Schaloster“ treibe sich mit Amerikanern in Nachtlokalen herum. Das war allerdings in dieser schlechten Zeit keine Seltenheit, so trug sie doch etwas zum allgemeinen Wohlstand bei. Der Schwarzhandel florierte, die schwache Konjunktur wurde angekurbelt. Viele solcher „Fräuleins“ gingen damals nach dem Krieg mit ihren Boys nach Amerika.

Unsere Mutter sollte für die feine Familie die Wäsche waschen, gegen Bargeld natürlich oder für ein Päckchen Bohnenkaffee. Doch da waren sie an die Falsche geraten. Mama und Mutter lehnten strikt ab: „Und wenn sie uns hundert Mark und das Waschpulver dazu geben, wir sind nicht ihre Dienstboten. Ein Leben lang haben wir nicht für fremde Leute gewaschen. Die haben selber Zeit genug und sollen nicht den lieben langen Tag nur Zigaretten rauchen, als gebe es nichts weiter auf der Welt. Eine Unverschämtheit, uns damit zu belästigen.“ Heute noch bin ich glücklich darüber, dass Mama und Mutter ihren Stolz behielten.

Mador Felix

Felix war sozusagen der Chef der Lagerbande und zwei Jahre älter als ich. Mutter nannte ihn nur den „Mador", was so viel heißt wie Anführer. Er war ein Schlitzohr erster Güte, ein leidenschaftlicher Kuchenesser und spielte in der Mistelbacher Jugendfußballmannschaft. Zur allgemeinen Belustigung seiner Spielkameraden verspeiste er einmal in der Halbzeit einen halben Streuselkuchen.

Beim Hasenfutterklauen erwischte ihn ein Bauer. Felix lief, so schnell er konnte - und er lief schneller als zwei Bauern zusammen. Die halbvolle, mit Gras gefüllte Ledertasche, aus Flugzeugsitzen genäht, presste er an sich und rannte in Richtung Bauersgraben. Der geizige Bauer erwischte ihn nicht, die Pferdepeitsche kam nicht zum Einsatz. Felix versteckte sich hinter der Wasserpraschel, bis die Luft wieder rein war. Zu seiner Sicherheit machte er tagelang einen großen Bogen um den betreffenden Bauernhof.

Immer wenn einer der Bauern aus dem Dorf eine Kuh am Lager vorbeitrieb, war das für uns Kinder ein Zeichen, dass es wieder etwas Interessantes zu sehen gab. Die größeren Jungs sagten: „Die geht zu ihrem Freund." Der Bauernhof des Palmelsbauern, in dessen Stall der Gemeindestier stand, lag unmittelbar hinter unserem Lager. Nachdem man einen starken Knüppel an seinem Nasenring festgemacht hatte, wurde der Stier aus dem Stall in die hintere Ecke der angrenzenden Wiese geführt. Der gewaltige Koloss hatte einen fast viereckigen Schädel mit gefährlich weit ausladenden Hörnern und sah zum Fürchten aus. Zwei Männer hatten ihre liebe Mühe damit, das störrische Tier im Zaum zu halten. Inzwischen wurde die Kuh in eine aus Holzstämmen gezimmerte dreieckige Box geführt. Hier konnte sie ihrem Liebhaber nicht mehr entkommen.

Der Bulle merkte sofort, was auf ihn wartete. Vor Lust und Übermut machte er ein paar Freudensprünge und schnaubte hörbar. Bevor er „aufsteigen" durfte, scheuchten uns die Männer mit den Worten fort: „Verschwindet, ihr Bankerten, das ist nichts für euch; ihr habt hier nichts zu suchen!"

Doch wir wussten längst, worum es ging. Versteckt hinter Büschen sahen wir doch noch, was wir hatten sehen wollen.

Felix war damals einer der ersten Jugendlichen, die rauchten oder es zumindest versuchten. Am Anfang waren es getrocknete Rosenblätter, in Zeitungspapier gewickelt. Wenn keine Streichhölzer vorhanden waren, denn diese waren damals Mangelware, so musste ein Brennglas als Ersatz dienen. Das klappte, vorausgesetzt, die Sonne schien! Später bekamen wir von ihm den Auftrag, Zigarettenkippen zu sammeln. Einer folgte links, einer rechts der Straße durchs Dorf hinauf und hinunter. Bei magerer Ausbeute wurden die Abfallaschenhaufen der Wirtshäuser durchwühlt.

Bei wenig Erfolg gab es „Kotteletttenreißer". Felix zog uns so lange mit seinen abgenagten Wurstfingern an den kurzen Haaren, bis wir auf einem Bein standen. Das tat schrecklich weh! Doch es war auch von Vorteil, mit Felix zusammenarbeiten zu dürfen. Wenn wir in Schwierigkeiten waren - und die gab es oft in der Lagerkolonie -, war unser Anführer sofort zur Stelle und „schlichtete", wenn es sein musste, mit der Faust.

Das Papier wurde von den Kippen entfernt, der restliche Tabak leicht gebröselt und gemischt. Wenn Amikippen dabei waren, lobte er uns und sagte, das gebe eine gute Mischung und ein feines Aroma. Zeitungspapier war wohl nicht sein Geschmack. Es stinkt, und außerdem muss man davon immer husten. Heimlich riss er daher die hinteren Seiten eines Gesangbuches heraus. Er war der Meinung, das Papier sei dünner und klebe besser. Danach durften wir Kippensammler auch einige Schnapper machen.

Das Schönste und Aufregendste war, wenn die ganze Lagerbande an schönen Nachmittagen mit Körben bewaffnet in den Eckersdorfer Wald in die Pilze ging.

„Ich hab den Pilz zuerst gesehen!",

„ Nein, ich, der gehört mir!"

Von den größeren und stärkeren Rabauken wurden wir weggeschubst. Um eine Rangelei zu vermeiden, liefen wir Schwächeren sofort in eine andere Richtung.

Wenn Felix „groß" musste, kletterte er des Öfteren zu unser aller Belustigung auf einen Baum. Er suchte sich einen langen, starken, ausladenden Ast und balancierte sich aus. Es war nicht leicht, in dieser Höhe mit heruntergezogener Hose auf einem schwankenden Ast zu hocken. In wenigen Sekunden waren alle unten - natürlich in sicherer Entfernung - versammelt und fieberten dem seltenen Schauspiel entgegen. Es kam, was kommen musste: erst ein paar Furze, danach ein brauner langer Gänsehals, zuletzt mit Hochdruck ein stinkender Sprühregen.

Eine Welle der Erheiterung erfüllte den Wald. Wir bogen uns vor Lachen auf dem Waldboden, bis uns der Bauch wehtat. Felix lachte dabei am meisten. Nach dem Abstieg wischte er sein Hinterteil mit Gras ab, so machten es alle in der freien Natur. Freilich hätten Felix' Balanceakte auch böse enden können! Als seiner Mutter die Gaudi zu Ohren kam, sagte sie nur: „Du Sau!" und verpasste ihm eine kräftige Ohrfeige. Die tat ihm nicht weh. Felix konnte viel einstecken, aber auch austeilen. Was ihn wirklich wurmte, war, dass er vor unseren Augen gedemütigt wurde.

Keupeln

Für uns Lagerkinder stand Tauschen allezeit auf der Tagesordnung. Manches Mal waren auch Nachbarskinder mit von der Partie. Dieses Hinundhergeschiebe war unter dem Begriff „Keupeln" bekannt. Der Grundsatz lautete: Getauscht ist getauscht, wiederholen ist gestohlen. Es gab so etwas wie einen Ehrenkodex. Trotzdem war Vorsicht immer geboten, denn ein jeder war nur auf seinen Vorteil aus. Wir hatten es ja von den Alten gelernt. Gebrauchsgegenstände aller Art wurden angeboten, vom Schusser bis zur Fahrradfelge, dazu jede Menge Spielzeug, vieles Selbstgebasteltes, Twisteln, Pfeil und Bogen, Speere, Schwerter, Säbel, Bierdeckel und Briefmarken sowieso, auch ausländische Münzen, Fleckenfußbälle, Werkzeuge, Kinderwagenräder, Fahrradmäntel und -schläuche, Ventile, Luftpumpen, Schiefertafeln und Schwämme, Flaschen aller Art und nicht zuletzt die wichtigen Taschenmesser für uns Jungen.

Junge Stallhasen wurden gegen Eichhörnchen getauscht, Krähen gegen Eichelhäher, Kettchen gegen Ringe. Im Sommer gab es Tomaten für Gurken, als Zugabe eine Messerspitze Salz, Oberrüben für Mohrrüben, Senfbrot für Zuckerbrot, Apfel gegen Birne. Wenn in den Schulpausen jemand einen Apfel aß, meldeten sich sofort mehrere Kinder an, um den Apfelgrips zu bekommen. Nichts wurde weggeworfen, schon gar keine Lebensmittel. Geld war dabei nicht im Spiel. Nach dem Keupeln sagten wir zueinander: „Nu, nu, bald wieder mal, Schunnie." Wie dieser Ausdruck entstanden ist, kann ich nicht mehr nachvollziehen, aber er galt so viel wie der Handschlag unter Viehhändlern: fertig, aus, basta!

Der Langner Hans von nebenan kam zu uns ins Lager und wollte mit Rudi keupeln. Eine Mappe voller Briefmarken verschiedener Länder hatte er dabei. Mir fiel sofort eine wunderschöne farbige Marke auf, die ich unbedingt haben wollte. Ich gab Rudi ein Zeichen, dass er ihn ablenken sollte. Millimeter für Millimeter, um nur kein Geräusch entstehen zu lassen, riss ich die begehrte Marke aus dem Blatt heraus. Mit etwas

Eine Gruppe der Lagerjugend in den 1950er Jahren.

Spucke klebte ich sie dann heimlich unter die Tischplatte. Das war geschafft! Damals war ich noch stolz auf meine unrühmliche Tat.

Natürlich blieb der Diebstahl nicht verborgen. Hans verdächtigte sofort uns beide. Ein Mordsgeschrei und Handgreiflichkeiten waren die Folgen. „Meine schönste und wertvollste Marke haben sie mir herausgerissen und geklaut!", schrie er, doch Beweise hatte er keine. Um ihn zu beruhigen, sagte ich: „Schau her, Hans, ich hab sie nicht." Darauf zeigte ich ihm meine umgestülpten Hosentaschen. Es war ihm nicht zu verdenken, dass er ärgerlich und beleidigt nach Hause ging. Wir sahen uns die Marke genauer an: Sie stammte aus Ägypten, mit König Faruk darauf. Mein Gewissen quält mich heute noch, wenn ich an diese Tat denke.

Meine Schulkameradin Helga, die beiden Knorr-Mädchen Ingrid und Sigrid und ich nahmen einmal wöchentlich Mu-

Günter und meine Schwester Gisl in den 1950er Jahren.

sikunterricht. Ich spielte Schifferklavier, Helga Mandoline, eines der Mädchen ebenfalls Schifferklavier und das andere Gitarre. Goldmann, unser Musiklehrer, kam mit seinem Sachs-Motorrad aus Bayreuth. Er hatte immer Mundgeruch. Die Musikstunden waren für mich leider nicht von Dauer: drei Mark pro Stunde waren Mama zu teuer. Doch das kleine Instrument, inzwischen eine Rarität, besitze ich noch immer.

Onkel Alois war ein begeisterter Fußballer. Er wünschte sich immer nur Buben, mit denen er spielen wollte, aber wie das Schicksal es will, wurden dem Ehepaar sieben Mädchen geboren. Onkel Alois las auch leidenschaftlich gerne Wildwestromane. Seine beliebtesten Romanhelden waren damals Tom Prox und Billy Jenkins. Oft begrüßte er mich mit „Hallo, Jonny!" Er sprach es aus, wie es geschrieben wurde - wem war damals schon die englische Sprache geläufig? Onkel Alois war im Krieg bei der Marine gewesen. Mit einer Mischung aus Neid und Bewunderung sah ich zu ihm auf, denn für mich stellte er einen Mann von Welt dar.

Mutter war unsere private Sparkasse. Jeder von uns dreien hatte ein Couvert mit seinem Namen darauf, das sich in der Obhut der für uns so wichtigen braunen Ledertasche befand. Darin wurden nur Scheine aufbewahrt: Fünfmark- und Zehnmarkscheine, selten war ein Zwanziger darunter. Bruder Rudi ging damals schon in die Schreinerlehre und hatte wohl am meisten auf der „Mutterbank".

Kleines Münzgeld wurde für den täglichen Bedarf ausgegeben, für Brausepulver, Milchbonbons oder Ähnliches. Bei größeren Anschaffungen wie Hosen, Hemden, Jacken oder Schuhen mussten die Couverts geplündert werden. Strümpfe, Socken, Handschuhe, Pulswärmer, Ohrenschützer und Mützen strickten Mama und Mutter oder auch Verwandte selbst. Da diese Sachen nur aus grober Schafswolle hergestellt wurden, kratzten sie fürchterlich

Die Mistelbacher Arbeitswelt

Schuhe gab es nur auf Bezugsscheine. Sie waren hauptsächlich aus Schweinsleder gefertigt und fielen in längeren Regenzeiten und bei Schneematsch nach ein paar Wochen auseinander. Dann trugen wir wieder Holzschuhe, die sogenannten Klapperlatschen. Wir waren darauf angewiesen, dass der Lagerschuster selbst hoffnungslos ausgelatschte Treter noch einmal zusammenflickte.

Herr Seidel war ebenfalls ein Heimatvertriebener und kam mit seiner Familie aus dem Sudetenland. Seine einfache Werkstatt befand sich in der Küche seiner Zweizimmerwohnung in der Hauptstraße. In einer Ecke lag wahllos ein bunter Haufen reparaturbedürftiger Schuhe und Stiefel aller Art. Ich wunderte mich immer, wie der Schuhmacher sie später überhaupt den Kunden zuordnen konnte. Es roch aufdringlich nach Leder und Schweiß; hinzu kam noch der Küchendunst.

Herr Seidel war ein verständnisvoller und unterhaltsamer Zeitgenosse. Wir Kinder hielten uns gern bei ihm auf, denn er erzählte uns oft lustige Geschichten. Er sprach einen für uns ungewohnten Dialekt und nuschelte dabei, deshalb mussten wir immer die Ohren spitzen, um ihn einigermaßen zu verstehen. Seidel war ein Schlitzohr und Spaßmacher - was er uns als eigenes Erleben weiszumachen versuchte, hatten wir oft schon mehrfach gehört. Während er erzählte, arbeitete er fleißig weiter und schlug einen Holznagel nach dem anderen sorgfältig in die Sohlen.

„Stellt euch vor, Kinder, was mir vorhin gerade passiert ist!“, erzählte er mit schelmischem Gesicht. „Ich sitze hier am offenen Fenster, auf einmal kommt ein großer Schmetterling hereingeflogen. Er prallte an meinen Kopf, dass es mich fast vom Hocker riss. Mir tut jetzt noch der Kopf weh.“ Dabei zeigte er auf die Beule an seiner rechten Stirn, die er freilich von Geburt an hatte. Ein anderes Mal war ein Maikäfer oder eine Hummel der Verursacher.

Während er sprach, schmunzelte er vor sich hin und dachte wohl, dass er uns wieder einen schönen Bären aufgebunden hätte. Besonders spaßig fanden wir es, wenn er seine Backen aufblies und ohne ein Instrument zu gebrauchen den *Egerländer Marsch* spielte. Wir bogen uns dabei vor Lachen.

Gelegentlich wurden Schuhe, aus welchem Grund auch immer, nicht abgeholt. Aus diesen alten Latschen durften wir uns die Lederzungen herausschneiden. Das weiche Material eignete sich hervorragend für unsere Twisteln.

Das Haushaltsgeschirr war in der damaligen Zeit von einfacher, bescheidener Qualität und bestand oft aus Email oder Aluminium. Meist waren es Hochzeitsgeschenke von Großmutter oder Mutter, die so auf die nächste Generation übergingen. Durch den jahrelangen täglichen Gebrauch nutzten sie sich ab und bekamen Löcher. Sie einfach wegzuwerfen, wie es heute üblich ist, war aus finanziellen Gründen nicht möglich und wäre auch verschwenderisch gewesen. Wir Kinder hatten die Aufgabe, die reparaturbedürftigen Töpfe und Tiegel zum Pfannenflicker zu bringen.

Unten am Brunnenberg, einen Steinwurf entfernt von der Dorfmühle, lag die Schlosserei des Herrn Zimmermann. Der Meister war ein hagerer, großer Mann und sehr wortkarg – im Gegensatz zu unserem Bäcker und Schuster, die immer zu einem Späßchen aufgelegt waren –, doch nicht unfreundlich zu uns Lagerkindern. Ihm brachten wir die kaputten Haushaltsgegenstände. Auf jeden Topfboden schrieb er mit Kreide den Namen, um später nicht lange suchen zu müssen. Danach stellte er die gelieferte Ware auf eine Werkbank zu den anderen Töpfen, die sich zu einer Pyramide stapelten.

In seiner kühlen Werkstatt hielten wir Kinder uns nicht länger als nötig auf, denn in dem unordentlichen Raum roch es aufdringlich nach Karbid und altem Rost. Nach ein paar Tagen durften wir die gelöteten Töpfe abholen, der Meister verlangte je nach Größe des Gefäßes 30 bis 50 Pfennig. Wenn sie dann nach einigen Monaten neue Löcher bekamen, gingen wir wieder zu ihm.

Zum Aufgabenbereich der Gemeinde- und Betschwester Ella gehörte es, uns Flüchtlinge im Barackenlager zu betreuen. Sie war verantwortlich für die gerechte Verteilung der gespendeten Waren, die wir aus Amerika erhielten. Schwester Ella war eine große, hagere Frau. Jeden Donnerstag hielt sie mit einigen Diakonissinnen aus Bayreuth eine Bibelstunde ab, und zwar bei Familie Zimmermann in der alten Siedlung. War es an der Zeit, nahm sie Gisl und mich bei der Hand und sagte: „Ihr geht mit!“ Da gab es keine Widerrede. Für mich war es eine todlangweilige Stunde.

Jenseits der Bretterwand unserer Behausung wohnte Familie Löwenzahn aus dem Sudetenland. Herr Löwenzahn war gelernter Friseur und schnitt uns Lagerjungen die Haare. Statt Geld nahm er dafür als Lohn auch Eier entgegen; sie waren seine Leibspeise. Unsere Haarpracht wurde schon der Läuse wegen immer kurz gehalten. Nach dem Haarschnitt rieb er uns den Stoppelkopf mit duftendem Flieder-Veilchen-Haaröl ein.

Seine Schwiegermutter, Frau Kilian, wollte uns Kindern das Klöppeln beibringen, was ich allerdings aus Mangel an Geduld nie so richtig begriff. Sie dagegen saß stundenlang hinter ihrem Klöppelbock in der Sonne und kreuzte die Klöppel mit flinken Bewegungen hin und her.

Als die Familie nach einem halben Jahr auszog, mussten wir uns einen anderen „Bader“ suchen. Herr Stahlmann in der Bahnhofstraße war nun für das Haareschneiden zuständig. Er war der Großvater meines Freundes und Schulkameraden Günter Stahlmann. Wir waren wohl ein knappes Dutzend Burschen aus dem Lager, die dem neuen Friseur erstmals die Aufwartung machen wollten. Keiner aber getraute sich zu fragen, ob wir hier richtig wären. So schickten sie mich, den Kleinsten und nach ihrer Meinung Mutigsten, voraus. Vor lauter Aufregung fragte ich: „Wohnt hier der Flüchtlingsschuster?“ - „Kommt nur herein“, erwiderte er lachend, und im Nu war seine Wohnstube voller Kunden. Auf einem Schrank stand eine Spielzeugente, deren Hals aus einer Spirale bestand. Stieß man das Möbelstück kurz an, wackelte ihr Kopf lange hin und her. Wir kicherten die ganze Zeit über das seltsame Tierchen. Pro Schnellfrisur mussten wir 25 Pfennige berappen. Mein Taschengeld, das für Karamellbonbons bestimmt gewesen war, war damit für eine Woche ausgegeben.

Bei schweren Krankheiten oder Geburten wurde Dr. Roß aus dem Nachbarort Pittersdorf gerufen. Das war schon etwas Besonderes, wenn ein Auto ins Lager fuhr; im Nu gingen

Günter mit seinen Gänsen 1950.

alle Fenster auf. Jeder war interessiert zu erfahren, wer wohl der Kranke sein möge, und ein Schwarm Kinder bewunderte das Automobil und untersuchte es von oben bis unten. Am schönsten fanden wir die eleganten Polstersitze.

An größere Unfälle oder Verletzungen von uns Jugendlichen im Lager kann ich mich nicht erinnern. Kein Baum war uns zu groß, kein Vogelnest zu hoch. Wir kletterten auf Felsen, sprangen über Bäche, waren an den Nachmittagen in der freien Natur. Zum Gebetläuten mussten wir zu Hause sein. Arm- oder Beinbrüche hat es Gott sei Dank nicht gegeben, doch Abschürfungen aller Art waren alltäglich; am meisten gefährdet und öfter lädiert waren die Knie. Heute noch sind die Narben bei mir zu sehen.

Tante Reichel, das Kräuterweiblein, war bei eiternden Wunden zuständig. Sie klopfte frischen Spitzwegerich zu Brei und legte ihn behutsam auf die betreffende Stelle, er kühlte angenehm. Ein Taschentuch wurde darübergebunden, und der Schaden war behoben. Eine Meisterin im Splitter-, Dornen- oder Schieferentfernen war Frau Seifert. Wir mussten uns neben sie hinsetzen, die Zähne zusammenbeißen und brav stillhalten. Mit einer Nähnadel stach sie vorher in ein Stück Seife, und die Operation konnte beginnen. Ohne uns groß zu piesacken, hatte sie die ganze Prozedur nach wenigen Sekunden erledigt. Zecken, wir nannten sie „Holzböcke", zogen wir uns selber heraus, Bienen- oder Wespenstiche beachteten wir meistens gar nicht.

Die Hochzeit von Karl und Gretel

Wenn ich daran denke, wie es damals in den Nachkriegsjahren war und wie heute Hochzeiten ausgestattet und gefeiert werden, in einem Überfluss, im Wohlstand, alles vom Feinsten, luxuriös, in den besten Hotels, mit Chauffeur und Musikkapelle – welch ein Unterschied!

Es war 1948 oder 1949. Braut und Bräutigam waren gute Bekannte von uns. Tante Lukas, eine Schwester unserer Mutter, war Schneiderin und nähte das Hochzeitskleid, das aus Mangel an Bezugsscheinen aus Fallschirmseide hergestellt wurde. Karl, der Bräutigam, war ein unbeholfener, plumper Typ, von Beruf Pflasterer. Er borgte sich seinen Hochzeitsanzug von Bekannten. Seine Braut Gretel war bei einem Bauern im Hummelgau in Stellung. Das arme, verhärmte, aber gute Mädchen war ein Mauerblümchen.

Eine große Barackenstube wurde vollkommen leer geräumt und die Wände mit Kalkbrühe ordentlich weiß getüncht, wobei man allerdings die roten Flecken, wo Wanzen zerquetscht worden waren, noch deutlich durchschimmern sah. Nachbarn, Verwandte, Bekannte, alle waren auf den Beinen, um das Fest so schön wie möglich zu gestalten. Sie flochten eine Fichtengirlande, hängten sie über die Barackentür und schmückten sie mit roten und weißen selbstgefertigten Papierrosen. Zuletzt nagelten sie oben ein Pappschild an: „Herzlich willkommen”.

Stallhasen und Enten wurden geschlachtet. Nudeln für die Hochzeitssuppe stellte man selbst her, die Fladen, groß wie Wagenräder, wurden zum Trocknen auf die Betten gelegt. Wir Kinder trugen dutzendweise Mohn- und Streuselkuchen auf Blechen zum Bäcker und holten sie nach zwei Stunden wieder ab. Alle Lagerkinder hatten den größten Spaß an dieser Hochzeit. So viel Kuchen hatte es lange nicht mehr gegeben! Torten, Wein, Sekt oder gar Bohnenkaffee standen jedoch nicht auf der Speisekarte.

Tische und Stühle wurden herbeigeschleppt und in U-Form aufgebaut. Als Tischdecken dienten weiße Bettlaken. Die

Hochzeitsgeschenke fielen dürftig aus - was sollte man auch schenken? Es gab nicht viel, und die Verwandtschaft hatte selbst nichts. Ein paar Mark sind sicher trotzdem zusammengekommen. Von der Kirchengemeinde bekam das Brautpaar ein Gesangbuch überreicht, das später von allen Gästen bewundert wurde.

Nach der kirchlichen Trauung zog die Hochzeitsgesellschaft feierlich durchs Dorf Richtung Lager. Geld auszuwerfen, wie das hier in der Gegend Brauch war, fiel wegen Mangels an Kleingeld aus. Diese Sitte war mehr oder weniger ein Privileg der Bauernhochzeiten, bei denen die Beteiligten mehr in der Tasche hatten. Beim Einzug in den Festsaal schnappte Karl sich sein Mauerblümchen Gretel mit kräftigem Griff und trug sie breit grinsend über die Türschwelle. Gleich danach ließ man das frischvermählte Paar hochleben, während eine Runde Korn herumgereicht wurde: „Ein dreifaches Hoch dem Brautpaar!"

Das junge Paar küsste sich so unbeholfen, als hätten sie es vorher nie versucht. Gretel wischte sich sogleich beschämt den feuchten, unglücklichen Kuss mit dem Handrücken ab, Karl ignorierte den für ihn unwichtigen Zwischenfall. Irgendwie hatte ich das Gefühl, die zwei passten nicht so recht zusammen. Das Festessen wurde aufgetragen, und das war dem Bräutigam im Moment wichtiger als die Braut. Seine Glubschaugen sahen nur Enten- und Hasenbraten.

Dreimal füllte er seinen Teller voll, dazu verdrückte er ein halbes Dutzend schlesische Mehlklöße mit einem Berg Sauerkraut. Das Fett lief ihm unters Kinn bis auf seine geborgte Krawatte, zwischendurch schmatzte und rülpste er ungeniert. An der Hochzeitsgesellschaft zeigte er nur wenig Interesse. Am Nachmittag zum Kaffee stopfte er haufenweise Kuchen in sich hinein. Zwischendurch gab es immer wieder eine Runde Schnaps. Seine Gretel ermahnte ihn des Öfteren, nicht so viel zu trinken, was ihn aber nicht davon abhielt. Er versuchte, ein paar Schlager zum Besten zu geben, doch das scheiterte kläglich.

Schließlich wurde das Abendessen aufgetischt. Karl verschlang plattenweise Wurst- und Käsebrote, dazu trank er reichlich Bier und Korn. Ja, solche Tage sind selten im Pflastererleben, da muss man zugreifen, bis der Bauch voll ist! Auch die anderen Gäste ließen sich nicht lange bitten. Das arme Mauerblümchen Gretel jedoch saß ängstlich, scheu und hilflos neben ihrem Göttergatten. Sicher fragte sie sich: Auf was habe ich mich da eingelassen? Wie wird das wohl weitergehen?

Billige Zigarren lagen schön dekoriert auf den Tellern für die älteren Herren bereit. Obwohl Karl Nichtraucher war, paffte er eine nach der anderen. Ich nehme an, er rauchte aus Langweile und weil es ihn nichts kostete. Plötzlich bekam er einen Hustenanfall, so laut, dass er aller Aufmerksamkeit auf sich zog. Er drohte zu ersticken. Kam es vom Rauchen, oder hatte er sich verschluckt? Seine Braut Gretel klopfte ihm mit einer Kraft, die ich ihr nicht zugetraut hätte, auf den Rükken.

Nach dem Abendessen wurden die großen Tische entfernt. Der Tanzboden war einsatzbereit, ein Nachbar spielte Schifferklavier, und Karl und Gretel eröffneten den Tanz mit drei Runden. Das war nicht ihre Stärke: steif hopsten die zwei und drehten sich im Kreis herum. Wir Kinder mussten lachen. Es sah so lustig aus, wie auf der Fasenacht! Auch die Braut machte dabei keine gute Figur. Ich glaube, sie war mit ihren Gedanken ganz woanders. Nach dem anstrengenden Hin- und Hergeschiebe wischte Karl sich den Schweiß von der Stirn und trank sein Bier aus.

Es kam, was kommen musste – der Bräutigam hatte einen Rausch. „Der hat einen weg, der Hund, der schlechte!“, sagte Mama. Sichtlich angeschlagen stierte er zu dem Musikanten hinüber und forderte ihn auf, sein Lieblingslied zu spielen. Nachdem *Ännchen von Tharau* verklungen war, packte er seine Angebetete nicht gerade zärtlich beim Arm und zog sie ohne ein Abschiedswort an seine Gäste aus dem Zimmer. Das Paar verschwand in seine bescheidene Stube gleich nebenan. Was dann geschah, darüber kann ich nicht berichten – wie bei Romeo und Julia war es sicher nicht.

Tante Wulfen hatte in der Küche mitgeholfen. Zu später Stunde kam sie in die gute Stube und berichtete aufgeregt der lustigen Gesellschaft von einem Malheur: Sie hatte sich am Ofen die Schürze verbrannt. Um sich eine neue kaufen zu können, ging sie mit einem Teller rundum und bat die Gäste um eine kleine Spende. Ja, Tante Wulfen fiel immer ein Trick ein, um an ein Trinkgeld zu kommen.

Unsere Mutter mit ein paar Tanten, die Brauteltern und alle Großmütter saßen zusammen in einer Ecke der Stube und schauten schmunzelnd dem bunten Treiben zu. Mit einem Likörchen, „Kakao mit Nuss", prosteten sie sich zu - sicher mit leichtem Unbehagen, ob diese Ehe Bestand haben würde.

Alle Damen waren schwarz gekleidet. Ihre Haare waren für die Feier mit einer Brennschere frisch onduliert, darauf saß das unverzichtbare Kopftuch. Ein Hauch des Wohlstands der verlorenen Heimat ging von ihnen aus. Dennoch wollte der Funke der Hochzeitsfreude nicht so recht überspringen. Für uns Kinder sahen sie alle alt aus, obwohl keine der älteren Damen über sechzig war. Das Leben lag fast hinter ihnen, und sie hatten schreckliche, entbehrungsreiche Zeiten hinter sich. Dennoch nehme ich an, im Großen und Ganzen waren sie einigermaßen zufrieden.

In der heutigen Zeit sind Frauen im gleichen Alter viel aufgeschlossener und selbstbewusster. Viele Witwen heiraten noch einmal oder haben einen Lebenspartner. Damals wäre es schon allein am Glauben gescheitert, solche Beziehungen nochmals einzugehen. Die Ehemänner waren verstorben, gefallen oder vermisst, ein Bratkartoffelverhältnis kam nicht infrage, eine zweite Ehe einzugehen war undenkbar: Was hätten da die Verwandten und Nachbarn gesagt? Die große Liebe war Vergangenheit. Gegenwart und Zukunft, der Kampf ums tägliche Leben waren wichtiger als alles andere.

Im Wechsel der Jahreszeiten

Der Mann von Tante Reichel hieß Gustav, war früher von Beruf Schuster gewesen und nun dem Alkohol verfallen. Wie viele alte schlesische Haudegen trank er ausschließlich Schnaps, egal welche Sorte, nur stark musste er sein und in der Gurgel brennen. Aus Altersgründen konnte er sich den Fusel nicht mehr selbst besorgen. Das tat Familie Förster im Nachbarhaus für ihn. Oft holte Tante Reichel ihren betrunkenen Gustav spät am Abend mit viel Mühe heim ins Lager.

Laut schimpfte sie mit den Schnapsversorgern, dass man es bis in die Nachbarschaft hörte: Sie sollten endlich mal aufhören, ihn allabendlich vollzupumpen, es sei ja auch eine Frage des Geldes! Doch die Mühe war vergebens. Wenige Wochen darauf verstarb Schuster Gustav Reichel. In der Stunde seines Todes waren Mutter und ich anwesend. Die Reichels bewohnten zwei Stuben im gleichen Teil der Barakken, wir lebten sozusagen Wand an Wand. Onkel Gustav schnaufte, röchelte und bekam keine Luft mehr, und Mutter sagte leise zu mir: „Sieh hin, mein Junge, so stirbt ein Mensch." Es war für mich nicht leicht, den Todeskampf mit ansehen zu müssen, doch Mutter bestand darauf, denn das gehörte zum Leben.

Im Herbst jener Jahre wurde alles Obst, das unter den Bäumen liegen gelassen oder vergessen worden war, aufgelesen und eingesammelt. Es wurde für die lange Winterzeit getrocknet und aufbewahrt. Größere Obstsorten wie Äpfel, Birnen und Zwetschgen wurden halbiert und auf Kuchenbleche verteilt. Unser beliebter Bäckermeister Fuhrmann, auch ein Heimatvertriebener, verlangte für das Dörren des Obstes keinen Pfennig. Die Hitze im Ofen nach dem Brotbacken war dafür geradezu ideal. Auch war er immer für einen Spaß zu haben. Besonders gern hielten wir Kinder uns im Winter in seiner warmen Backstube auf.

Rotkappen, Stein-, Birkenpilze und viele andere Sorten wurden auf Schnüre gefädelt und in der Sonne getrocknet. Hinzu kamen Kräuter aller Art für die späteren Teestunden.

Sauerkraut und Gurken wurden in größeren Behältern eingelegt.

Wir zogen damals nicht wie heute jeden Tag frische Unterwäsche an. Gewechselt wurde nur einmal die Woche, die Bettwäsche alle fünf Wochen. Jedem stand nur ein Handtuch in der Woche zur Verfügung. Am Samstagnachmittag wurden drei bis vier große Töpfe randvoll mit Wasser gefüllt und auf den Ofen gestellt, um das Badewasser zu erhitzen. Das alle vierzehn Tage stattfindende Badevergnügen in der geliehenen Zinkwanne war eine Wohltat für uns alle. Wir Kinder wurden hintereinander im selben Badewasser abgeschrubbt.

Man kann sich kaum vorstellen, was eine große Wäsche damals bedeutete! Schon am Vorabend weichten Mama und Mutter die schmutzige Wäsche in großen Töpfen mit Sodawasser ein. Am folgenden Mittag, wenn sie lange genug gekocht waren, wurden die heißen Wäschestücke mit einem großen Holzlöffel in einen anderen Topf umgefüllt. In dem stand schräg das Waschbrett mit gewelltem Zinkbeschlag, auf dem jedes einzelne Stück gerubbelt wurde, bis es sauber war. Danach wurde die Wäsche in frischem Wasser gespült und ausgewrungen und gleich danach auf einer langen Leine im Freien aufgehängt. Mit langen Stangen stützten wir die schweren Wäscheleinen ab. Im Winter waren die Wäschestücke steifgefroren und fühlten sich an wie Bretter.

In unserer großen Stube waren auch die Ohnesorges untergebracht, entfernte Nachbarn aus Zindel. Sie hatten einen Sohn namens Manfred, von uns nur Manne genannt. Am Sonntag in aller Frühe wollten die Ohnesorges verreisen. Manne war etwas unbeholfen und tat sich schwer mit dem Anziehen, doch Artur und Ida wussten sich zu helfen. Kurzerhand wurde ihm der Sonntagsstaat schon am Abend vorher angelegt, und das mit allem Drum und Dran, sogar die Schuhe zogen sie ihm an. So wurde er ins Bett gelegt. „So, und nun rührst du dich nicht mehr von der Stelle!“, befahlen sie ihm. Der arme Manne lag stocksteif da und traute sich kaum zu atmen. „Dreh dich nicht so oft im Bett herum, sonst geht deine Bügelfalte raus!“, wurde er nochmals ermahnt. Von weitem sah er aus, als liege er in einem Sarg. Einen Vorteil hatte diese Prozedur jedoch auch: er war am Sonntag als Erster für den Kirchgang marschbereit, wenn die anderen noch schliefen.

Um diese Zeit lagen in den Wäldern und Hecken noch verstreut Kriegsgeräte und allerlei Waffen herum. Hinter der Baracke in einer Schlehenhecke fanden Manne, Eberhard und ich eine Panzerfaust. Ahnungslos schlugen wir das Gerät auf einen Sandsteinfelsen, füllten Wasser in das Rohr und hantierten weiter daran herum. Dann ereignete sich eine gewaltige Explosion, ein Feuerstrahl blitzte heraus! Eberhard fiel zu Boden, und ich sah, dass sein rechter Unterarm stark blutete. In Panik rannten wir beiden anderen weg und versteckten uns. Eberhards Arm musste vom Arzt mehrmals genäht werden, die Narben waren später noch immer gut sichtbar.

Wir Lagerkinder erlebten eigentlich eine freie und unbeschwerte Kinderzeit und verbrachten die meiste freie Zeit im Wald: Hütten bauen, Tarzan spielen, Speerwerfen, Bogenschießen, auf Bäume klettern, Vogelnester ausnehmen. Der eine hatte ein Eichhörnchen, der andere eine Krähe, und ich hatte einen Sperber. Wir fütterten ihn mit Spatzen, die wir mit einer Steinschleuder schossen.

Schwimmbäder gab es damals in kleineren Orten noch nicht. So mussten wir Kinder und Jugendlichen unser Badevergnügen selber suchen. Drei Möglichkeiten gab es dafür: im Mistelbacher Wehr, in dem schlammigen Finkenmühlweiher, aus dem wir oft vom Bauern mit den Worten: „Haut ab, ihr Bankerten!“ weggejagt wurden, oder in der „Wasserpraschel“, einem etwa zweieinhalb Meter hohen Wasserfall, mitten in einer kleinen Schlucht in einem nahen Waldstück mit natürlichem Wasserlauf gelegen – eiskalt, aber erfrischend. Sie wurde auch von der älteren Jugend gerne genutzt.

In den Sommermonaten zogen oftmals schwere Gewitter übers Land. Dann holte uns unsere fromme Mutter mitten in der Nacht aus den Betten. Los, los, schnell anziehen! Überall in den Baracken gingen die Lichter an. Alle hatten Angst vor einem Blitzeinschlag, denn der hätte für uns Bewohner katastrophale Folgen gehabt: In Bruchteilen einer Sekunde wäre unsere ausgetrocknete Bretterbude in Flammen aufgegangen, da wäre nichts mehr zu retten gewesen außer dem nackten Leben.

Winter im Barackenlager

Bei „Gefahr“ nahm Mama die immer griffbereit liegende abgewetzte braune Ledertasche mit wichtigen Papieren wie Versicherungsnachweisen, Ausweisen und anderen Dokumenten sowie etwas angespartem Geld an sich. Sie hielt sie so fest unter den Arm geklemmt, als wäre es ein Goldschatz. Dann saßen wir alle um den Küchentisch, schlaftrunken, ängstlich und immer auf dem Sprung, fluchtartig die Behausung zu verlassen, und beteten ununterbrochen das Vaterunser. Bei sehr schweren Gewittern las Mutter auch laut aus der Bibel vor. Unter keinen Umständen durften wir in diesen Stunden essen, auch am Tag nicht. Mutter achtete sehr darauf, dass diesem Gebot Folge geleistet wurde. Ihr Spruch lautete: „Den

Beter lass beten, den Schläfer lass schlafen, den Fresser schlägt's tot."

Die Winter kamen mir damals kälter und schneereicher vor als heute. Die vielen Arbeitslosen schaufelten die Dorfstraße frei, wir Kinder bauten Schneeburgen und -höhlen. Unser Skihang lag im Tal, eine Waldschneise zwischen Gesees und Mistelbach. Die Größeren fuhren mit ihren oft selbstgemachten oder schon uralten Skiern. Wir hatten keine eigenen Schlitten, waren aber überglücklich, wenn wir mal mit anderen Kindern mitfahren durften.

Bei strengem Frost waren die dünnen, einfach verglasten Fensterscheiben am Morgen von oben bis unten zugefroren und gänzlich mit Eisblumen bedeckt. Keiner der Eiskristalle glich dem anderen. Ganz nahe mit dem Mund an der Scheibe hauchten wir ein Loch auf das Glas, so dass wir einen Blick nach draußen werfen konnten. Schon nach wenigen Minuten war die Stelle wieder mit Eis überzogen.

Bei Temperaturwechsel im Sommer dehnten sich die Balken in den Baracken aus, im Winter zogen sie sich zusammen. Dann knackte es öfters gehörig im Gebälk. Das war unsere Wettervorhersage, wir wussten gleich Bescheid: Es wird kälter oder wärmer. Ein untrügliches Zeichen für einen Wetterumschwung im Winter war auch, wenn die Töpfe auf dem Ofen anfingen zu singen. Dieser Ton lässt sich nur schwer beschreiben: ein leises, aber nicht überhörbares Heulen. War er zu hören, so konnte man sich darauf verlassen, dass es strengen Frost geben würde.

Schulalltag mit Bauchweh

Als Fünfjähriger war ich noch sehr verspielt und ging nicht gerne zur Schule, wurde doch dadurch meine Freizeit sehr eingeschränkt. Mutter musste mich vier Wochen lang begleiten. Unsere Lehrerin, Fräulein Jahn, nahm mich bei der Hand und führte mich ins Klassenzimmer - wenn sie es nicht tat, nahm ich sofort Reißaus. Später dann, in der dritten Klasse, hatten wir eine neue Lehrerin, Fräulein Wagner. Sie war hübsch, jung, mollig und hatte ein rundes Gesicht. Ich war zum zweiten Mal verliebt.

In der sechsten Klasse bekamen wir einen Lehrer namens Held, der aber seinem Namen keine Ehre machte, sondern sich als hinterhältiger Schläger erwies. Auf uns Flüchtlingskinder hatte er es besonders abgesehen. Bei jeder Kleinigkeit gab es was auf die Finger oder auf den Hintern, besonders im Sommer, als alle Buben Lederhosen anhatten. Mit dem Haselnussstecken tat es besonders weh.

Damals hatten wir noch die alten Schulbänke mit dem in der Tischmitte eingebauten Tintenfass. Der aufklappbare Deckel war aus Blech. Mein Schulnachbar brachte eines Tages Feuersteine mit, die rieben wir am Deckel, das gab schöne Funken. Ganz vertieft in das Spiel hatten wir den Unterricht vergessen. Auf einmal – wie ein Blitz aus heiterem Himmel – haute mir Lehrer Held von hinten eine übers Ohr. Für Sekunden wusste ich nicht, wo ich war.

Ich ging auch in späteren Jahren nie gern zur Schule. Schon beim Betreten des Schulhauses bekam ich Bauchweh, und das acht Jahre lang und ohne einer Menschenseele etwas davon zu sagen. Die Bauernjungen waren besser dran: bei jeder Gelegenheit, sei es nach dem Schlachten, bei der Kirchweih oder nach Festtagen, brachten sie dem Lehrer ein Fresspaket mit. Von uns Flüchtlingskindern konnte er nichts erwarten.

Das Schönste und Aufregendste in der Schule waren die Filmvorführungen. Drei- bis viermal im Jahr kam ein Filmvorführer aus Bayreuth mit einem Auto zu uns in die Schule. Im Nu war mein Bauchweh verflogen. Hilfsbereit trugen wir seine Geräte ins Klassenzimmer, die Fenster wurden verdunkelt, die Vorhänge zugezogen, das Filmgerät begann beruhigend zu schnurren. Das war Musik in meinen Ohren. Stundelang hätte ich Filme ansehen können! Doch bald holte mich die Wirklichkeit wieder ein, und der verdammte Bauchschmerz kehrte zurück.

Aus einem der Care-Pakete bekam ich von Frau Liebert, einer Nachbarin, einen Bleistift mit einem Radiergummi am Ende geschenkt. Gleich am nächsten Tag zeigte ich meine neue Errungenschaft meinen Schulkameraden, die ihn mit großem Erstaunen und voll Bewunderung, doch auch mit etwas Neid begutachteten. Ich war sehr stolz, als Erster in der Klasse so einen Stift zu besitzen.

Sport oder gar Turnstunden waren nicht im Stundenplan vorgesehen, es gab auch keine Turnhalle. Heute dies, morgen das, war das Motto in der Schule. Wie es dem Herrn „Schläger" gerade einfiel, so aus seiner Laune heraus. Bei schönem Wetter in den Sommermonaten schrieb eines unserer mutigen Mädchen - meistens war es Inge Preis - an die Wandtafel: „Die Sonne scheint, das Wetter ist schön, wir bitten Herrn Lehrer, spazieren zu gehn." War der Schulmeister gut aufgelegt und sagte ja, stürmten wir mit Geschrei fluchtartig ins Freie.

Für mich war es eine Erlösung; Hauptsache, die Schule war aus und ich aus dem Gefängnis entlassen. Ich hasste Lehrer Held nach dem niederträchtigen Schlag von hinten, den ich vor geraumer Zeit erhalten hatte, und das hat er auch sicher gemerkt. Wir gingen uns aus dem Weg, wo immer es möglich war. Entsprechend sahen meine Zeugnisse aus! Doch im Grunde genommen waren sie mir gleichgültig, ich träumte nur von Abenteuern in der großen weiten Welt.

Die Mädchen gingen geschlossen im Wald oder auf den Wiesen auf und ab, wir Jungen durften Fußball spielen. Bei einem dieser Turniere verstauchte ich mir meinen rechten Knöchel. Doktor Roß sagte, es sei eine Sehnenzerrung und würde Tage dauern, bis ich wieder auftreten könnte. Meine Schulkameraden schoben mich abwechselnd mit einem Schubkarren nach Hause ins Lager. Acht Tage Freiheit von der Schule brachte mir dieser Unfall ein. Ich genoss sie, obwohl sie mit Schmerzen verbunden waren.

In unserer Schulklasse war auch der Wagners Karl, ein Sohn der Totengräberin. Sein Spitzname war „Knacker“, und er war ein kleiner Gauner. Für unseren alten Herrn Pfarrer Wolfruhm mussten wir ein Kirchenlied auswendig lernen, in der nächsten Religionsstunde sollten wir es können. Karl konnte es natürlich nicht aufsagen, der hatte andere Interessen. Pfarrer Wolfruhm wollte ihm dafür eine Ohrfeige geben. „Knacker“ ging sofort in Boxerstellung. Der Herr Pfarrer war geschockt über die Unverschämtheit, doch damit hatte Karl erreicht, was er wollte: Die Watsche blieb ihm erspart. Keiner von uns hätte es sich damals getraut, so aufzumucken.

1947 bekamen wir Schulspeisung, die sogenannte Quäkerspeisung. Im nahen Ort Mistelgau war ein Lager dafür eingerichtet worden. Mit dem Leiterwagen holte die Lagerköchin allwöchentlich die Rationen ab. In der Pause marschierten alle acht Klassen mit Dosen oder kleinen Töpfen in Richtung Lager, Bauernkinder waren ausgeschlossen. Es gab eine abwechslungsreiche und wohlschmeckende Kost: Milchreis, Magermilch mit Grieß und Rosinen, Graupen- und Erbsensuppe. Ab und zu bekamen wir auch eine kleine Tafel Schokolade in der Größe eines Fünfmarkscheines. Mein Lieblingsessen war heißer Kakao mit einem Brötchen.

Hin und wieder kamen Care-Pakete in das Lager. Der Lagerleiter hatte die Aufgabe, sie gerecht zu verteilen, doch er wusste seine Stellung als Verwalter auszunutzen. Sein Vorteil war, dass er für sich und seine Familie und Verwandtschaft die besten Sachen abzwacken konnte. Wir anderen dagegen bekamen nur ein kleines Stück vom Kuchen. Der Gauner hat uns sicher oftmals betrogen.

Mama hatte damals noch eine Handvoll russischer Silberrubel in einer Zigarrenschachtel mit ins Lager gerettet. Ein fliegender Händler schwatzte Mama diese wertvollen Münzen ab, wir bekamen dafür ein mehrteiliges Essbesteck. Unser altes Wehrmachtsessbesteck aus Aluminium hatte ausgedient. Nach längerem Feilschen wurde der Handel perfekt gemacht. Doch ich hatte das Gefühl, dass da etwas nicht stimmte, so klein und unerfahren ich auch war. Ich beobachtete den Händler genau: Er hatte seine Augen nur auf die Münzen fixiert.

Familie Tischer 1954. Von links: ich, mein Bruder Rudi, Mutter (Großmutter Wirsing), davor Gisl und Mama.

Wir und die anderen Kinder waren sehr stolz auf neue Kleidungsstücke, ob Hosen, Jacken, Mänteln, Kleider oder Schuhe. Damals achtete unsere fromme Mutter sehr darauf, dass ein neues Stück erstmals am Sonntag in der Kirche getragen wurde. Dahinter steckte der Glaube, dass es dann recht lange neu bleibt und hält. Männer wie Frauen waren zu der damaligen Zeit hoch im Ansehen, wenn sie drei, vier Kleider oder Anzüge im Schrank hängen hatten.

Anfang der fünfziger Jahre eröffnete in der Dorfmitte ein neuer Lebensmittelladen, Konsum genannt. In der Schulpause gingen einige Schüler in das Geschäft und kauften sich Amerikaner. Das runde, süße Stück gab es mit weißem Zuckerguss und mit brauner Schokolade für zehn Pfennige. Mit Bewunderung und etwas Neid sahen wir, die noch kein Taschengeld bekamen, den Naschkatzen zu, wie sie das feine Gebäck genussvoll verputzten. Doch auch mein Margarinebrot mit Sirup war nicht zu verachten.

Auf den Roggenbroten, die es im neuen Konsumladen zu kaufen gab, waren bunte Papiermarken mit eingebacken, die wir Jugendlichen leidenschaftlich sammelten und auch tauschten. Für jede dieser Marken bekamen wir ein Fußballbild von „Kosmos-Sammelbilder" aus Memmingen. Es war das erste Album vom Spielgeschehen 1950 bis zur Deutschen Meisterschaft, und ich besitze es noch heute.

Wandervögel

Anfang der fünfziger Jahre zogen wir Jugendlichen an Sonn- und Feiertagen voller Tatendrang aus, um per Fahrrad Mistelbachs nähere Umgebung zu erkunden. Zunächst ging es ins nahe Fichtelgebirge, nach Bad Berneck, nach Bischofsgrün, zum Fichtelsee zum Kahnfahren, später dann bis in die Oberpfalz nach Eschenbach, besonders gern zu den Russweihern, des Badens wegen, aber auch zum Kloster Speinshart und bis zum Rauen Kulm. Am liebsten jedoch fuhren wir in die Fränkische Schweiz, ungefähr fünfunddreißig Kilometer von Mistelbach entfernt. Eine Bootsfahrt auf der Wiesent war für uns immer der Höhepunkt der Reise.

Am Samstagnachmittag herrschte hektisches Treiben im Lager. Jeder wollte am Sonntag das schönste Fahrrad haben. Es wurde gewaschen, geputzt, gewienert und poliert. Alles, was sich drehte, wurde geölt und geschmiert. Abends bereiteten wir die notwendige Verpflegung für den aufregenden Tag vor: gekochte Eier, eingelegte saure Gurken, Butter- und Leberwurstbrote, Tomaten und vieles mehr. Eine Freundin meiner Schwester Gisl, ein Bauernmädchen, brachte ein Essgeschirr voll Kartoffelsalat mit Knoblauchwürsten mit. Auch Streuselkuchen war mit im Gepäck, hauptsächlich für Max. In Bierflaschen füllten wir verschiedene Sorten von Tee und selbstgemachte Brause ab.

Gewöhnlich war es ein schöner, aufregender Tag, der uns beinahe in eine andere Welt entführte. Der Straßenverkehr war zu jener Zeit gering. Die Straßen waren noch nicht asphaltiert, alle Wege geschottert. Dem einen blockierte die Lenkstange, dem anderen riss die Kette, manche fuhren einen Platten. Oft mussten für Reparaturen unfreiwillige Pausen eingelegt werden. Werkzeug hatten wir, außer Flickzeug und einer Luftpumpe, kaum dabei, und so konnten wir uns bei Pannen wenig selbst helfen, sondern steuerten den nächstliegenden Bauernhof an.

Einer musste mal, viele hatten Durst, der eine oder andere wollte schlappmachen. Mein Bruder Rudi war der älteste und

Sommerausflug 1956 in die Fränkische Schweiz an der Wiesent.

erfahrenste in der Gruppe, er fuhr immer voraus und war unser Reiseführer. Wieder und wieder rief er: „Weiter, weiter geht's, nicht müde werden! Wir sind gleich da, bald ist Mittagspause!" Dann endlich kam das Zeichen zum Absteigen. Der Rastplatz war immer in der Nähe eines Baches. Wir breiteten Decken und Tücher auf der Wiese nahe dem Ufer aus und packten hastig und heißhungrig Taschen, Rucksäcke und Tüten aus. Die mitgenommenen Getränkeflaschen wanderten von Hand zu Hand. Die Mädchen gingen bis zu den Knien ins eiskalte Wasser, um sich zu erfrischen, wir Jungen liefen bis in die Bachmitte und standen bis zum Bauch im Wasser. Max hängte sich Schlingpflanzen über Kopf und Schulter, zog Grimassen und sah dabei aus wie ein Ungeheuer.

Mein Bruder Rudi wagte mit einem Arbeitskollegen erste Kletterversuche, wir anderen suchten in Höhlen und Schluchten nach Versteinerungen. Am späten Nachmittag wurde es Zeit zum Aufbruch. Auf halber Strecke machten wir nochmals Rast, um die Reste zu verspeisen, danach trat die ganze

An der Püttlach: Max, das Ungeheuer

Horde endgültig die Heimreise an. Es dauerte eine Ewigkeit, bis das nächste Dorf in Sicht kam. „Wie lange denn noch, mir tut der Hintern weh, meine Beine, wann sind wir endlich zu Hause?", jammerten einige. Wieder rief Rudi: „Weiterfahren, durchhalten, bald haben wir es geschafft!"

Ludwig war schon im dritten Lehrjahr, ein starker Bursche und mit allen Wassern gewaschen. Wir Lehrlinge hatten damals zwei Stunden Mittagspause - Zeit genug, um Bayreuth

Ein Blick ins Wiesenttal. Von links ich, mein Bruder Rudi und Reinhard Kluge.

und seine nähere Umgebung auszukundschaften. In den zerbombten Ruinen suchten wir nach liegengelassenen Haus- und Kriegsgeräten. Was uns wertvoll erschien, wurde mitgenommen: Töpfe, Krüge aller Größen, Munition gleich welchen Kalibers, Stahlhelme, Gasmasken, Kochgeschirre, manchmal fanden wir auch Waffen. Alle diese Fundstücke waren wichtig für unsere Tauschgeschäfte.

Oft fuhren wir mit unseren Fahrrädern zu den amerikanischen Kasernen außerhalb der Stadt, um ihre Schutthalden zu durchstöbern. Da fanden wir immer etwas Brauchbares. Auch Altmetallsucher waren dort anzutreffen, die es hauptsächlich auf Kupfer, Messing, Aluminium und dergleichen abgesehen hatten. Das war ein einträglicher Nebenverdienst. Der Schrotthändler Bilsheim kaufte die gesammelte Ware auf. Es war nicht ungefährlich, in den Halden herumzuwühlen, denn sie wurden bewacht, und es war verboten, sich dort aufzuhalten. Wir gaben uns gegenseitig Zeichen, wenn ein Posten auftauchte.

Zelten 1955 bei der Sachsenmühle in der Fränkischen Schweiz. Von links nach rechts: Reinhard Kluge, der Name des Nächsten ist mir entfallen, ich, Manfred Herath.

In einer dieser Mittagspausen war kein Wachsoldat zu sehen, als wir die Zeltplane eines ausgemusterten Armeelastwagens fanden. Sie war schwer wie eine nasse Kuhhaut und stank nach Teer und Öl. Wir luden sie auf ein Fahrrad und versteckten sie in der Werkstatt. Später kam ich auf die Idee, daraus ein Zelt für die große, weite Welt zu nähen. Es war ein rechtes Stück Arbeit, die unhandlichen, harten Teile zusammenzuflicken, und das alles heimlich in den Mittagspausen! Unser Meister durfte nichts davon wissen.

Die erste Reise mit dem neuen Zelt führte uns wieder in die Fränkische Schweiz bis oberhalb der Sachsenmühle, die zweite in die Oberpfalz nach Eschenbach zu den Russweihern. Alle diese Reisen beschränkten sich immer nur auf die Wochenenden. Es war nicht leicht, unser Monster von Zelt auf dem Gepäckträger eines Fahrrads zu transportieren. Abwechselnd wurde das schwere Paket bei Pausen umgeladen, um auch einmal die anderen Wochenendurlauber zu belasten. Sechs Mann hatten in diesem Zelt knapp Platz, doch geschlafen wurde in einer solchen Nacht ohnehin nicht sehr viel!

Wir kampierten am Ufer des Russweihers auf einer Wiese. Heute steht dort ein komfortabler Campingplatz. Im nahegelegenen Eschenbach holten wir uns einen Kasten Bier aus einem Wirtshaus, den wir, teils auch zum Kühlen, im Schilfufer versteckten. Abends saßen wir vor dem Zelt und bereiteten unser Abendessen vor. Auf unserem Spirituskocher, einem uralten Gerät, brieten wir uns Rühreier mit Speck und Zwiebeln. Eberhard Pfeil trank damals schon mehr Bier, als ihm guttat.

Plötzlich ein „Klatsch" aus heiterem Himmel: Ein Möwenschiss war zufällig auf seinem Schoß gelandet! Eberhards Hose war mit einem weißen, ekelhaften Brei bekleckert, er war geschockt. In seinem Rausch kam er gar nicht auf die Idee, dass der Urheber eine Möwe sein konnte, sondern erhob sich schwankend und schrie uns an: „Wer war der Sauhund, der miserable? Den schlag ich zusammen!" Wir alle lachten uns schief über die traurige Gestalt, was ihn noch mehr in Wut brachte. Nur mit Mühe konnten wir ihn festhalten und beruhigen.

Am nächsten Tag wollten wir in einem Wirtshaus eine Kleinigkeit essen. Wir waren alle etwas angeheitert. Der Wirt warf uns kurzerhand hinaus. Nachmittags kam der Besitzer des Grundstücks und jagte uns von seiner Wiese. Nun, es war sowieso höchste Zeit zum Aufbrechen! Wir brachen das Zelt ab, packten unsere Siebensachen und verließen den unglücklichen Ort. Missgelaunt radelten wir Richtung Heimat.

Erntezeit bei Hauensteins

1951 wurde in Mistelbach eine neue katholische Kirche gebaut. Viele der Vertriebenen waren katholischen Glaubens, daher bestand Nachholbedarf. Die Einweihung wurde damals in dem ebenfalls neu gegründeten Wirtshaus „Zur Heide" der Gebrüder Knorr gefeiert. Am darauffolgenden Tag schlichen wir Kinder uns in der Frühe in den Biergarten, um aus den stehengebliebenen Gläsern und Limonadenflaschen die „Nacherla" auszutrinken.

Unsere Mutter, Gott habe sie selig, verstarb 1957 nach langer Krankheit an Asthma. Ich sehe sie heute noch nach Luft ringen. In ihrer Sterbenacht ging ich mit meinem Bruder Rudi zur Leichenfrau, Frau Wagner. Rudi schaute auf den Sternenhimmel und sagte: „Schau, Mutter sieht von oben auf uns herunter!" Mutter wurde in unserer guten Stube aufgebahrt, denn ein Leichenhaus gab es nicht.

Dieser nicht unerwartete Tod war für uns ein unersetzlicher Verlust. Mama und auch wir Kinder haben sehr geweint. Mutter wusste in allen Lebenslagen Rat, wo auch immer Schwierigkeiten auftauchten, hieß es: „Geht zu Tante Berta, die hilft euch!" Sie gab den Ärmsten von uns Armen das wenige, das sie besaß. Ihre Stärken waren Zufriedenheit, Bescheidenheit und Güte. Sie war eine Seele von Mensch, dabei stets ernst und zurückhaltend. Ihre Kraft schöpfte sie aus dem Glauben, den Gott ihr gegeben hatte. Ich denke heute noch oft an sie und bin sicher, dass sie aus dem Himmel zu uns herunterschaut. Ein Geheimnis nahm Mutter mit ins Grab, sie lachte nie. Nun war also Mama gefragt, mit uns dreien fertig zu werden.

Viel Zeit verbrachte ich im vier Kilometer entfernten Pittersdorf bei der Bauernfamilie Hauenstein. Ich erinnere mich noch heute gerne daran.

Mama hatte sich bei der Familie richtig integriert. Die Tochter des Hauses, Erna, war eine gute und treuherzige Seele und buk den besten Apfelstrudel mit Vanillesauce, den ich je gegessen habe. Viele Tage im Jahr, hauptsächlich zur Ernte-

Bauernhof der Familie Hauenstein in Pittersdorf. An der Stelle des hell gedeckten Gebäudes war 1947noch der Gemüsegarten.

zeit, gingen wir nach Pittersdorf hinüber. Mama war bei den Hauensteins nicht mehr wegzudenken: Tischern hier, Tischern da! Zu Ernas Hochzeit hatte ich als Elf- oder Zwölfjähriger meinen ersten Rausch. Ich trank drei Flaschen Bier und klaute mir eine Zigarre vom Hochzeitstisch - danach war mir tagelang schlecht.

Frau Hauenstein, die Chefin des Hauses, war mit allen Wassern gewaschen. Man nannte sie „die Michelswett“, dies war gleichzeitig der Hausname. Ihr Mann war kurz nach dem Krieg gestorben, und um so einen Bauernhof zu führen, musste sie schon die Hosen anhaben. Eins jedoch konnte ich nicht verstehen: Frau Hauenstein rauchte heimlich, damals für eine Bauersfrau eine Ungeheuerlichkeit. Niemand sprach darüber, alle taten so, als hätten sie nichts gemerkt.

Hauensteins hielten Tiere aller Art; Hühner, Gänse und Enten liefen frei herum, Platz gab es ja genug. Am Essen

Erna Hauenstein 1954, auch die „Michelswett" genannt nach dem Hausnamen.

wurde nicht gespart: Jeden Sonntag und auch an vielen Werktagen gab es Braten mit Klößen. Das allabendliche Separieren nach dem Melken war Schwerstarbeit. In einer alten Maschine mit einer Kurbel wurde die Sahne von der Milch getrennt. Dasselbe wiederholte sich später beim Ausbuttern. Danach taten mir immer die Arme weh.

Einmal schlachteten wir einen Truthahn, einen riesigen Kapaun, rund zwölf Kilo schwer. Es bedurfte unserer ganzen Anstrengung, um den Prack niederzumachen. Er schlug wild mit den Flügeln und kratzte uns, und seine Krallen waren nicht gerade klein. Ich rutschte dabei aus, denn ich war bar-

Frau Hauenstein 1962

fuß, was in den Sommermonaten üblich war, und glitt auf meiner Lederhose durch den halben Kuhstall. Frau Hauenstein musste so lachen, dass sie den Vogel losließ und das arme Tier im Stall herumflatterte. Bald aber konnten wir es wieder einfangen und schließlich endgültig ins Jenseits befördern. Tagelang gab es Truthahnbraten.

Im Hochsommer, gegen Ende August, war Getreideernte, auf Fränkisch: „Schniedernt". Bis in den Nachmittag hinein musste ich auf die kleine Vroni aufpassen, damit sie auch schön schlief. Dann war es an der Zeit, das Gespann fertig zu ma-

Hofhund Fips

chen. Alle anderen waren schon auf dem Feld. Hauensteins hatten keine Pferde, sondern, o Heimatland, zwei riesige Zugochsen - groß wie Elefanten, aber gutmütige, brave Tiere.

Nacheinander führte ich die zwei Brummer aus dem Stall. Das Anschirren war nicht leicht, ich war ja erst elf Jahre alt. Endlich hatte ich die Ochsen eingespannt und die beiden Leiterwagen aneinandergehängt. Zwei lange Stämme, die später auf den vollen, mit Garben beladenen Wagen vorne und hinten angebunden wurden, damit die Ladung nicht verrutschte oder gar herunterfiel, waren aufgeladen, den großen Brotzeitkorb verstaute ich auf dem Wagen. Heiß war es um die Jahreszeit, und sofort waren die Bremsen, diese großen blutsaugenden Plagegeister, zur Stelle. Wir Kinder machten uns einen Spaß daraus, sie zu fangen, ihnen einen Grashalm in den Hintern zu stecken und sie damit fliegen zu lassen.

Die Ochsen schlugen mit den Köpfen und Schwänzen wild um sich, wenn sie von den Bremsen gepeinigt wurden. An den besonders empfindlichen Körperteilen beschmierte ich sie mithilfe einer alten Malerbürste mit stinkendem „Bremeröl“. Dann trotteten meine beiden Zugochsen brav die Hohlwege entlang Richtung Schobertsberg.

Es wurde Herbst. Die Felder waren abgeerntet, sie mussten geackert werden. Mit nur einer Pflugschar war das eine langwierige und mühsame Arbeit. Ich musste die zwei Ochsen vorne am Halfter führen, und Frau Hauenstein konzentrierte sich auf die Furchen, die stets schön gerade gezogen werden mussten. Oft fiel ich dabei hin, manchmal auch vor die Ochsen. Sofort blieben die braven Tiere stehen, um mich nicht zu treten - was dennoch manchmal vorkam -, und nutzten die Gelegenheit für eine willkommene Ruhepause. Frau Hauenstein lachte wieder minutenlang über mich. Dann ging die Plackerei weiter, rauf und runter, den lieben langen Tag. Es dauerte eine Ewigkeit, bis so ein großer Acker fertig bearbeitet war.

Am Nachmittag gab es dann endlich die heiß ersehnte Brotzeit, meist Brot mit frischer, selbstgemachter Butter, Quark mit viel Zwiebeln darin und Pfefferminztee. Immer und überall war Fips dabei, ein schwarz-weißer Spitz. Er buddelte so manches Mäusenest aus und bellte nachts oft stundenlang, wenn er einen Igel aufgespürt hatte. Oben im Hausboden fand ich eine kleine Messingglocke, die ich Fips um den Hals band. Eines Nachts schlich er um Ritas Haus herum, woraufhin sie sagte, sie habe einen Geist gesehen, der geklingelt hätte.

Perle von Sevilla

Im Lager wurde es allmählich ruhiger. Die Ausländer waren fast alle weggezogen oder in ihre Heimatländer zurückgekehrt, deshalb gab es in den Baracken jetzt mehr Platz, und es wurden kleine Wohneinheiten geschaffen. Jede Familie hatte zwei bis drei Zimmer. Eine „gute Stube“ wurde eingerichtet und neu möbliert. Brenners hatten das erste Radio - abends war die Bude immer voller Zuhörer.

Der Lukas Günter arbeitete in einer Ziegelei in Bayreuth. Von seinem ersten Lohn kaufte er sich den ersten Plattenspieler im Lager. Am Silvesterabend waren wir alle bei Tante Lukas versammelt, und Günter legte seine erste Schallplatte auf: *Alle Glocken vieler großer Kirchen.* Die halbe Verwandtschaft saß in der Stube. Es war richtig feierlich, und keiner durfte seinem Heiligtum auch nur nahe kommen. Wehe, einer versuchte, das Gerät anzufassen! Günter hätte uns auf die Finger gehauen.

Allgemeine Aufregung herrschte im Dorf: „Der Nigrinpapa ist wieder da!“ Er war eine lustige, aber zugleich furchterregende Erscheinung für uns Kinder. Mit seinen langen Stelzen und den unendlich langen Hosen, ganz in Schwarz gekleidet und mit einem Zylinder auf dem Kopf, schritt er stolz daher. In seiner langen Umhängetasche waren kleine Geschenke verborgen: Anstecker und Blechfrösche für uns Dorfkinder. Dafür nahm er die leeren Schuhcremedosen entgegen, die wir vorher gesammelt hatten. Mit einem scharfen Gegenstand kratzte er ein Kreuz auf den Blechdeckel, um sie zu entwerten. Ich denke, das war eine Art Werbung für die Produkte der Firma Henkel.

Ein- bis zweimal im Jahr war schulfrei: Auf zum Kartoffelkäferlesen! Es war eine recht ekelhafte Sache. Jedes Schulkind bekam eine Blechdose. War sie halbvoll mit Käfern und Larven, kam ein Spritzer Spiritus hinein, und das Ganze wurde angezündet. Nach getaner Arbeit gab es von den Bauern manchmal eine kleine Brotzeit.

In meinen letzten Schuljahren half ich nach Schulschluss

bei Familie Bär, die im Dorf eine Limonadenherstellung betrieb. Der Vertrieb von Limonaden beschränkte sich auf die umliegenden Ortschaften, und die Erzeugnisse wurden mit einer Kutsche und einem Pferd ausgeliefert. Das Leergut wurde in verschiedenen Arbeitsgängen gereinigt: Zuerst wurden die Flaschen in kaltem Wasser eingeweicht, danach kamen sie in heißes Sodawasser und wurden mit Drehbürsten innen und außen gereinigt, und zu guter Letzt wurden sie in lauwarmem Frischwasser ausgespült. Das alles war Gemeinschaftsarbeit.

Holzkästen mit je zwanzig Flaschen Inhalt wurden nach und nach auf den Küchentisch gestellt. Akribisch genau wurde jede einzelne Flasche mit einem Schuss Orangen- oder Zitronenkonzentrat gefüllt. Das war eine leichte, aber zeitraubende Beschäftigung. Frau Bär goss aus einem bauchigen Glasballon den dicken Saft in eine handliche Kanne, in der anderen Hand hielt sie ein Messgerät in Form eines Glaszylinders. Meine Aufgabe war es, mit einem Trichter von Flasche zu Flasche zu gehen. Auf Extrawunsch gab es noch Himbeer- und Waldmeistergeschmack.

Danach kamen die Kisten in die Abfüllkammer. Hier war allein Herr Bär zuständig, und er durfte unter keinen Umständen gestört werden. In einer uralten Abfüllanlage füllte er die Flaschen mit Wasser, zuletzt kam noch ein Schuss Kohlensäure dazu. Bei jeder Flasche gab es einen leisen Knall. Das Verschließen mit dem Bügelverschluss musste schnell gehen, sonst verflüchtigte sich das Gas. Am Ende des Arbeitsganges kamen Etiketten auf die Flaschen. Die beliebteste Sorte hatte damals den klingenden Namen „Perle von Sevilla".

Bei großen Bestellungen musste ich mitfahren und ausliefern helfen. Das Pferd Gretel wurde fein säuberlich gestriegelt, die Hufe gewaschen und schwarz angestrichen. Besonderen Wert legte der Bauer auf das messingbeschlagene Zaumzeug, das blitzblank sein musste. Die Kutsche wurde schwer beladen. Etwa dreißig Kästen hatten darin Platz, und darüber wurde eine wasserdichte Plane festgezurrt. Schon am Vortag war ich mit einem alten Damenfahrrad in die umliegenden Dörfer gefahren, um von den Gastwirten die Bestellungen entgegenzunehmen.

Nach gut einer Stunde waren wir in Glashütten angelangt. Der Gastwirt Opel bekam die halbe Ladung, den Rest das Gasthaus Fichtel. Die hatten eine schöne Tochter in meinem Alter, und ich war zum dritten Mal verliebt, doch das hat das Mädchen nie mitbekommen. Nach getaner Arbeit gab es immer eine Brotzeit, am Donnerstag vor der Kirchweih das traditionelle Krenfleisch.

Nach dem Essen musste ich wieder auf den Kutschbock und auf Gretel aufpassen. Oft wurde es spät, bis Herr Bär mit dem Kartenspielen fertig war und sich entschloss, nach Hause zu fahren. Eine Petroleumlampe wurde links an die Kutsche gehängt, und Gretel trabte in Richtung Stall. Das Pferdchen kannte seinen Weg auch ohne Kutscher ganz genau. Herr Bär wurde müde und nickte nach kurzer Zeit ein, ich nahm die Zügel in die Hand und ließ Gretel laufen.

Einmal hätte es spät in der Nacht fast ein Unglück gegeben. Kurz hinter Mistelgau trieb ein Schlachtergeselle eine Kuh zum Metzger. Es hätte nicht viel gefehlt, und wir wären zusammengestoßen, denn ich hatte die beiden in der Dunkelheit nicht gesehen. Erst als der Treiber laut fluchte, konnte ich ahnen, was hier vor sich ging. Ich drehte die Bremse fest und half dem aufgeregten Mann, seine Kuh einzufangen. Herr Bär erwachte aus seinem Halbschlaf und ließ seinen Unmut an dem verärgerten Gesellen aus: Er solle gefälligst beim nächsten Mal auch eine Laterne mitführen.

Kinderspiele

Unsere Spiele waren einfach und doch aufregend und unterhaltsam. Gummi- und Lederbälle gab es nicht, also mussten wir unsere Fußbälle selbst anfertigen. Wir bastelten sie aus alten Lumpen und Stoffresten, die wir mit einer Schnur fest umwickelten. Wenn zehn oder zwölf Lagerrabauken damit eine Stunde lang spielten, fielen die Bälle allerdings auseinander, deshalb war dieses Vergnügen nur von kurzer Dauer.

Ein anderes Spiel war das sogenannte Kreiseltreiben. Dabei wurde ein zylinderförmiges Holzstück, der Kreisel, mit den Fingern in der Luft gedreht und anschließend auf den Boden fallen gelassen. Mit einer selbstgebauten Peitsche wurde er ständig in Bewegung gehalten.

Ein weiterer beliebter Zeitvertreib war das Murmelspiel. Wir nannten es „Schussern". Dabei wurde ein faustgroßes Loch in die Erde gedrückt, und zwei Spieler versuchten, aus etwa zwei Metern Entfernung die Murmeln per Zeigefinger in das vorgefertigte Loch zu schieben. Unsere ersten Murmeln bestanden aus Lehmkugeln, die wir selbst herstellten und in der Sonne trockneten; später konnte man Murmeln auch kaufen. Sieger war derjenige, der die meisten Kugeln in das Loch befördert hatte.

In Vergessenheit geraten ist heute das Reifentreiben. Dabei wurde eine alte Felge mit einem Stecken vorangetrieben. Auch leere Zwirnrollen warfen wir nicht einfach weg, sie wurden links und rechts mit einem Messer eingekerbt und so zu Rädern. Auf der Außenseite eines Rades schlugen wir zwei kleine Nägel diagonal ein. Ein dünner Gummiring wurde durch die Rolle gezogen und um die Nägel gewickelt. Auf der anderen Seite zogen wir ein zehn Zentimeter langes Hölzchen durch und drehten so lange, bis Spannung spürbar wurde. Die kleinen Gefährte bewegten sich langsam vorwärts. Wir nannten sie Panzerspähwagen, und wer den schnellsten hatte, war der Sieger.

Auch unsere Drachen bauten wir selbst. Im Herbst, wenn der Wind über die Stoppelfelder wehte, war die Zeit gekommen. Der erste Weg führte zum Schreiner. Je länger die Leisten, desto größer wurde der Drachen. In der Form eines Kreuzes wurden sie in der Mitte kräftig zusammengebunden. Die vier Enden wurden vorher eingekerbt und ringsherum für die Stabilität des Kopfes mit einer kräftigen Schnur gespannt. Schwieriger war das Besorgen von festem Papier: Zeitungspapier war nur für den Schwanz zu gebrauchen, und unser Kaufmann Bayerlein hatte kein Packpapier im Sonderangebot. Da war guter Rat teuer!

Die Lösung waren die Care-Pakete – genauer gesagt das Papier, mit denen sie umwickelt waren. Für unsere Drachen hatte es die richtige Stärke und Festigkeit. Wir legten das fertige Kreuz auf das Papier und schnitten es entlang der rundum gespannten Schnur mit Überstand ab. Eine Handvoll Weizenmehl wurde in einer Tasse mit etwas lauwarmem Wasser angerührt, das Papier damit tüchtig eingestrichen und über die Schnur geklebt. Mit Wasserfarben malten wir Augen, Mund und Nase auf, und links und rechts an die Querleisten hängten wir zwei bunte Papierbommeln, das waren die Ohren. Am schwierigsten war die Waage: Die musste genau ausbalanciert werden, das heißt, der Winkel, mit dem der Drachen im Wind stand, musste gut ausgemessen werden. Dies schafften nur die erfahrensten Burschen.

Als Nächstes kam der Schwanz an die Reihe, der ebenfalls nicht leicht zu basteln war. Halbe Seiten Zeitungspapier wurden zu einer Fliege gedreht und so nacheinander zu einem Schwanz gebunden. Es musste eine feste Schnur sein, damit er sich in der Luft nicht zusammenrollte. Länge und Gewicht des Schwanzes waren das A und O: War er zu kurz oder zu leicht, kippte der Drachen vornüber, war er zu lang und zu schwer, stieg der Drachen nicht auf.

Das größte Problem war, die Drachenschnur zu organisieren. Nylonschnur gab es noch nicht, der Zwirn aus Mamas Nähkästchen war zu schwach, Paketschnur war zu dick und zu schwer. Doch irgendwie wurde auch das gemeistert. Flog der Drachen dann endlich am Himmel, war die Freude groß. Je höher er stieg, umso größer war das Ansehen des Besitzers. Wir durchbohrten alte Briefcouverts in der Mitte und beförderten sie auf der Schnur mit Windkraft nach oben: Der

Drachen bekam Post.

Ein überaus beliebtes Spiel für uns Jungen war das Seifenkistenfahren. Doch bevor so ein Vehikel fahrbereit war, musste es erst gebaut werden. Uns standen nur die einfachsten Mittel zur Verfügung, und um sie zu beschaffen, mussten wir das halbe Dorf durchsuchen. Da war wieder „Keupeln" angesagt! Als Erstes brauchten wir für unser Fahrgestell ein anderthalb Meter langes, gerades Brett. Ein alter, nicht mehr brauchbarer Kinderwagen wurde ausgeschlachtet. Wichtig davon waren für uns nur die zwei Achsen und die vier Räder.

Die Hinterachse war relativ leicht zu montieren. In der Lenkachse vorne jedoch musste ein Loch in die Mitte gebohrt werden, und kein Handwerker im Lager hatte damals eine Bohrmaschine. So mussten wir notgedrungen zum Schmied gehen. Der beschlug gerade mit seinem Gesellen zwei Bauernpferde mit neuen Hufeisen. Die ganze Schmiede war verqualmt von dem stinkenden, verbrannten Horn. Er beachtete uns nicht und dachte wohl, wir wollten nur zuschauen. Endlich rief er: „Was wollt denn ihr Lagerpolacken? Ihr denkt wohl, ich hab auf euch nur gewartet?" Nur widerwillig bohrte er uns das Loch. Ich bedankte mich artig, doch er schnauzte uns nur an: „Haut ab!" Da rief sein Geselle: „Halt, ihr habt was vergessen!“ Mein Freund Reinhard Kluge musste die Hand aufhalten, und der Geselle wischte ihm die noch heißen Eisenspäne vom Amboss hinein. Reinhard schrie auf vor Schmerz. Die Männer lachten uns schadenfroh aus.

Das mit den Lagerpolacken hat uns nicht geärgert, das waren wir gewöhnt, aber mit dieser unschönen Behandlung hatten sie uns etwas den Spaß verdorben! Trotzdem, der Bau unseres fahrbaren Untersatzes ging zügig voran. In dem gebohrten Loch wurde eine kleine, runde Holzscheibe befestigt und unten fest mit Wagenschmiere eingestrichen - heute sagt man dazu Servolenkung. Die Vorderlenkachse wurde mit einer Eisenschraube verbunden, die wir heimlich aus einer Barackenwand herausgedreht hatten.

Ein Lenkrad gab es nicht, das wäre zu kompliziert geworden, und uns fehlten dazu das nötige Material und die Werkzeuge. Für die Steuerung benötigten wir Draht oder eine starke Schnur. Sie wurde links und rechts an der Innenseite der

Räder befestigt wie die Zügel bei einem Pferd. Vorne bei den Füßen wurde eine Querlatte angenagelt, das war das Trittbrett. Ein alter Lederfahrradsattel war unser Rennsitz. Für die Kleinen wurde hinten noch ein Stück Holz angebracht, damit konnte das Automobil auch mit einem Stock angeschoben werden. Der „Silberpfeil" war fertig für seinen ersten Start.

Viel Spaß hatten wir Kinder beim Maikäferfangen. Auf einen langen Stecken wurde ein starker Pappdeckel genagelt. In der Abenddämmerung liefen wir hinaus auf die Gassen, gingen in die Hocke, schauten gegen den Himmel ins letzte Licht des Tages und lauerten auf die Krabbeltiere. Lange dauerte es nicht, da schwirrten sie auch schon heran. Mit einem Satz sprangen wir hoch, ein „Patsch", und das Opfer lag betäubt am Boden. Ganz schnelle Fänger erlegten zwei oder gar drei Stück auf einen Streich. Die Käfer kamen sogleich in eine Papp- oder Schuhschachtel, welche wir vorher mit Löchern versehen hatten, da wir Kinder annahmen, sie würden sonst ersticken. Wenn wir genug gefangen hatten, kamen frische Birken- und Haselnussblätter hinzu, die fraßen sie besonders gern.

Am nächsten Morgen auf dem Weg zur Schule hatten wir es leichter, denn Hecken und Sträucher hingen voll mit Maikäfern. Wenn wir ihrer überdrüssig wurden, fütterten wir unsere Hühner damit. So schnell konnten wir gar nicht schauen, wie sie die Käfer aufpickten. Für sie war es sicher ein Leckerbissen. „Danach legen sie schöne, große, gelbe Eier", sagte Mama, „da backen wir uns feine Pfannkuchen mit Sirup."

Unsere Musikinstrumente schnitzten wir uns selber. Schön gewachsene, lange, fingerdicke Haselnussgerten waren dafür besonders gut geeignet. Für die Herstellung unserer Pfeifen benötigten wir etwa zehn Zentimeter lange Stücke. An einem Ende des Rohlings wurde das Mundstück geschnitzt und eine Kerbe in V-Form bis in die Mitte des Kerns ausgeschnitten, sie diente wie bei der Blockflöte als Labium. Das ganze Stück wurde anschließend befeuchtet und rundum mit einem Messerrücken weichgeklopft. Dabei durfte die Rinde auf keinen Fall aufplatzen.

Nach vielen Drehungen und vorsichtigem Drücken konnte man dann den harten Kern des Holzes langsam aus der Rinde schieben. Das Mundstück wurde fein säuberlich abgetrennt, auf einer Seite um einen wenige Millimeter dicken Span abgeplattet und wieder eingesetzt. Am hinteren Teil der Röhre schob man den größeren Teil des Holzkernes wieder ein. Diesen konnte man beliebig hin- und herschieben; damit erzielte man beim Blasen einen hellen oder dunklen Ton. Die Pfeife war fertig.

Doch die handwerklich Begabteren setzten noch eins drauf. Dazu brauchten sie dünne Birken- oder Kirschbaumrinde, die, so gut es ging, in lange Streifen geschnitten und in Wasser gelegt wurde, damit sie geschmeidig war. Später formten sie die Streifen zu einem kunstvollen Trichter und befestigten sie mit Schlehendornen als Schallkörper an der Pfeife.

Ein beliebtes Freizeitvergnügen für uns Kinder im Lager war auch das Versteckspielen. Hinter Gänse- und Hasenställen und im Holzschuppen gab es viele Möglichkeiten, lange unentdeckt zu bleiben. Meine Schwester Gisl und Christa, die Zwillingsschwester von Max, versteckten sich gerne bei der Großmutter von Manfred Ohnesorge, allgemein bekannt als Büttner-Mutter. Sie wohnte an einer Ecke der Baracke in einem Zimmer mit separatem Eingang und fühlte sich oft einsam in ihrer Kammer. Deshalb besuchten Gisl und Christa die ältere Dame häufig an Sonn- und Feiertagen und sangen ihr Volkslieder vor.

Beim Versteckspiel krochen sie häufig in ihren großen Kleiderschrank, in dem es muffig und nach Mottenkugeln roch. „Geht nur schnell rein, da finden sie euch nicht gleich!“, sagte die Büttner-Mutter. Dass die beiden gerne darauf eingingen, hatte jedoch noch einen anderen Grund: „Großl“, wie sie auch liebevoll von ihrer Verwandtschaft genannt wurde, trank heimlich den damals beliebten Wermutkräuterwein. Auf den hatten es die beiden Versteckspielerinnen abgesehen, denn sie wussten genau, wo Frau Büttner die Flasche versteckt hatte.

Schlachtfest

Eines Tages waren plötzlich die Zigeuner da. Ihre Wagenburg stellten sie auf der Lagerwiese auf: ausrangierte Zirkuswagen mit vorgespannten Pferden. Im Nu war das bunte Volk im Dorf verschwunden. Unsere Mutter hatte Mitleid mit ihnen. Da wir jedoch selbst nicht viel hatten, gab sie ihnen lange Unterhosen, selbstgestrickte Socken, Kniewärmer - eben alles, was wir so entbehren konnten. Einer der Männer sprach schlecht Deutsch und handelte mit ausgemusterten amerikanischen Armeehosen. Seine beständig wiederholten Verkaufsargumente lauteten: „Frau, scheene neue Hose, Bügge machen, scheene neue Hose." So schnell sie kamen, waren sie wieder verschwunden.

In der kalten Jahreszeit, gegen Ende November, wurde bei den Bauern geschlachtet. Die Hausmetzger waren meistens kleine Bauern. Ihren ungelernten Beruf übten sie nebenbei aus. Diese handwerklichen Fähigkeiten gingen in Generationen vom Großvater auf den Vater und schließlich auf den Sohn über, doch verbanden sie ihn auch mit viel Fleiß und Können. Am Vorabend wurde das Schlachtwerkzeug hergerichtet und fein säuberlich vorbereitet. Messer wurden gewetzt, Gewürze bereitgestellt, schüsselweise Zwiebeln und Knoblauch geschält, Weißkraut wurde gekocht für die Würste, der Brühtrog hergerichtet und vieles mehr.

In aller Herrgottsfrühe wurde im Stall das größte und fetteste Schwein ausgewählt. Damals gab es noch keinen Schussapparat; der Sau wurde mit der stumpfen Seite einer Axt ein kräftiger Schlag auf den Kopf versetzt. Das war nicht immer einfach. War das Schwein aufgeregt - und das war öfter der Fall -, so traf der Schlachter nicht die richtige Stelle, und es fing fürchterlich zu schreien an. Das hörte das ganze Dorf, und die Nachbarn wussten: „Aha, bei der Wett wird heut geschlachtet." Danach bedurfte es noch einiger Schläge, bis das arme Tier tot am Boden lag. Gleich danach wurde ihm mit einem gekonnten Stich in den Hals endgültig der Garaus gemacht.

Schlachtfest

Ich durfte das Blut rühren, damit es nicht gerann. Es wurde später für Blutwürste und roten Presssack verwendet. Gleich danach begann der schwerere Teil der Arbeit: Die tote Sau wurde in den Brühtrog gerollt und mit Pech bestreut, danach sofort eimerweise mit heißem Wasser überbrüht. Mit einer Kette wurde sie wiederholt von hinten bis vorne durchgerieben, so wurden die harten Borsten entfernt. Später durfte ich mit einem scharfen Messer die großen Fleischbrocken sauber abschaben.

Gern aß ich von der rohen, noch warmen Leber ein paar Stücke mit etwas Salz dazu. Um elf Uhr gab es dann das heißbegehrte Kesselfleisch. Alle Helfer langten tüchtig zu. Der Schlachter verlangte nach jeder Stunde einen Klaren; wie viel Bier er außerdem trank, habe ich nicht gezählt. Nach Feierabend wurde er lustig, erzählte Witze, die nicht alle stubenrein waren, und lachte lauter als seine Zuhörer.

Anschließend ging es weiter mit dem Wurstmachen. So ein Kaliber von Schwein, etwa drei Zentner schwer, brauchte schon seine Zeit, um verarbeitet zu werden. Das Einsalzen der Schinken war der Chefin des Hauses vorbehalten. Es war das Wichtigste der ganzen Schlachterei, und das ließ sie sich von niemandem nehmen. Nur die besten und magersten Stükke wurden dafür ausgesucht. In einer großen Suppenschüssel vermischte sie Salz, Pfeffer und fein gehackten Knoblauch.

Das machte die Wett gewissenhaft und peinlichst genau, denn das Risiko, dass das Fleisch verdarb, war groß. Wie schon erwähnt war Schinken damals mehr wert als Geld, deshalb durfte sie nicht gestört werden. Sie und ich erledigten diese Arbeit alleine auf dem oberen Boden. Wir arbeiteten Hand in Hand. Jedes Stück wurde fest mit der oben beschriebenen Mischung eingerieben, und damit war die Wett nicht sparsam. Lage für Lage wurde das Salzfleisch in ein großes Holzfass geschichtet, es durften keine Zwischenräume entstehen. Obenauf kam ein schwerer Eichendeckel, der mit einem großen Stein beschwert wurde. Zu guter Letzt wurde das Fass noch mit einem Tuch abgedeckt. Fünf bis sechs Wochen wurde das Fleisch nicht angerührt, danach wurde der Salzschinken drei bis vier Tage gewässert und ging in die Räucherkammer.

Mama war damals jung und schön. Ich kann mit Stolz behaupten, sie war eine attraktive Frau, außerdem Witwe und daher frei für manche Liebschaften. Chancen hatte sie genug, Junggesellen und ältere Herren machten ihr den Hof. Sie flirtete gern und war, glaube ich, manchem Abenteuer nicht abgeneigt. Doch eine feste Beziehung ging sie nicht ein. Mutter hielt sie im Zaum.

Unsere Mama stand überall im Mittelpunkt. Sie wurde in jeder Hinsicht gern geneckt, so auch mit dem Wurstmaß, das es überhaupt nicht gibt. Der Schlachter gab ihr den Auftrag, es beim Nachbarn zu holen. Mama war zuvor von Erna gewarnt worden, doch sie mochte der ganzen Gesellschaft den Spaß nicht verderben, deshalb stellte sie sich unwissend. War ein Neuling dabei, der keine Ahnung hatte und auf den Scherz hereinfiel, musste er es büßen. Jeder Bauer im Dorf kannte diesen Schabernack. Dem Ahnungslosen wurde ein Sack voll mit altem Eisen und Steinen auf den Buckel gebunden. Kam er später so in den Hof, war das schadenfrohe Gelächter groß. Doch Mama kam unbeschwert und lustig zurück und sagte, der Bauer habe das Wurstmaß anderweitig verliehen.

Am frühen Abend kamen die Wurstfahrer, ebenfalls Flüchtlinge aus der unmittelbaren Nachbarschaft. Sie klopften laut an die Haustür, stellten ihre Milchkannen und Töpfe auf die Schwelle und versteckten sich sofort im Hof, weil es nicht wie Betteln aussehen sollte. In so einer Kanne lag manchmal ein Blatt mit Reimen und Versen. Einen davon habe ich noch in Erinnerung:

„Wir haben heut gehört, ihr habt geschlacht'
und gute Wurst daraus gemacht.
Da haben wir ein paar Töpfe mitgebracht.
Fleisch muss nicht sein, Würste tun es auch,
so ist es hier Brauch."

Erna, die gute Seele des Hauses, nahm sich gleich der Töpfe an. Sie füllte sie mit Fleisch- und Wurstbrühe, dazu kam ein halbes Dutzend Blut- und Leberwürste. „Erna", sagte ich, „du schenkst ja die halbe Sau her!" Sie erwiderte: „Du siehst aber auch alles. Die armen Leute freuen sich." Die Michelswett durfte das allerdings nicht sehen. Wir stellten die gefüllten Gefäße sofort wieder vor die Haustür, und die Frauen spitzten neugierig hinter den Gardinen vor, wer wohl die Wurstfahrer waren.

Am frühen Abend gab es Kuchen und Kaffee, doch auch danach war das Fest noch lange nicht aus! Lustig ging es weiter, es wurde getrunken, gesungen, auch hin und wieder getanzt. Eine große Flasche mit scharfem Zwetschgenwasser machte die Runde, und bald hatten einige Helferinnen und Helfer „einen weg".

Das liebe Vieh

Zweimal im Monat wurde ausgebuttert. Literweise wurde der süße, kühle Rahm mit Melkeimern aus dem „Quell” hochgeholt. Durch eine Falltür gelangte man in den lehmigen, provisorischen Keller unter einem Teil der Küche. Dort herrschte die optimale Temperatur zur Aufbewahrung der Milchprodukte. Hauptsächlich im Sommer war das „Quell” wichtig, denn Kühlräume gab es noch nicht.

Das hölzerne Butterfass hatte ein Volumen von etwa dreißig Litern. Es war auf einem gusseisernen Gestell aufgehängt und hatte rechts eine große Kurbel. Das Fass durfte nur halb gefüllt werden, damit der Rahm im Innern sich schlagen ließ. In der Mitte der Trommel war ein kleines Glasfenster eingebaut, das am Ende des Buttervorgangs langsam klar wurde. Mama drehte vier bis fünf Minuten, dann tat ihr der Arm weh, und ich war an der Reihe. So wechselten wir uns immer wieder ab.

Wir kamen ins Schwitzen. Die halbe Stunde, welche die anstrengende Arbeit gewöhnlich benötigte, war längst überschritten, doch das Fenster wollte nicht klar werden. Was stimmte hier nicht? Erna schraubte den Deckel der Öffnung auf. Eine Schaumwolke kam ihr entgegen, und ein undefinierbarer Geruch stieg uns in die Nasen. Alle nahmen mit dem Finger eine Kostprobe. Wir schauten uns fragend an, waren aber einer Meinung: Es schmeckte nach Seife! Vroni musste wohl in einem unbeobachteten Augenblick ein Stück Seife in das Fass geworfen haben. Der ganze wertvolle Inhalt war ungenießbar. „Vroni, wo bist du?”, riefen wir alle zugleich. „Komm sofort her!” Doch wie zu erwarten: Das kleine Mädchen wusste von nichts.

Mama und die Wett waren außer sich. Frau Hauenstein polterte los: „Da hab ich eine ganze Woche lang die Kühe umsonst gemolken! Die viele Arbeit, der gute teure Rahm! Keine Butter, keine Buttermilch, alles futsch! So eine Schweinerei! Man müsste ihr ein paar Schellen geben, dem Frekker!“ Vroni lief schreiend aus der Küche.

Es war schon sehr ärgerlich, vom Verlust ganz zu schweigen, denn der war nicht unerheblich. Die Wett verschwand, sie brauchte wohl zur Beruhigung ein paar Schnapper Zigarettenrauch. Der ganze Jammer landete auf dem Misthaufen, wo der weiße Berg noch lange sichtbar war. „Bei euch hat es wohl geschneit?", fragte eine Nachbarin zynisch.

Ein Kalb hatte im Frühjahr zu viel nassen Klee gefressen. Es blökte jämmerlich infolge seiner schlimmen Blähungen. Jetzt kam es auf Minuten an. „Lauf sofort zum Peter! Ein Muggel ist blähert, er soll sofort kommen und den Stechapparat mitbringen, sonst geht das Kälbchen ein!", rief die Wett. Peter kam mit dem Fahrrad angesaust. Ich und die Wett mussten das arme Tier in die Knie zwingen. Es litt sehr und verdrehte seine großen Augen. Sein Ranzen wurde größer und immer praller, er fühlte sich an wie eine Trommel.

Peter drückte da und drückte dort, bis er die richtige Stelle gefunden hatte. Mit dem in der Mitte hohlen Stecheisen ist es gar nicht so leicht, durch eine Kuhhaut zu stoßen. Peter, der Hilfsdoktor, der sich nicht so recht sicher war, schwitzte vor Anstrengung. Endlich drang das Eisen in die richtige Stelle ein. Das Kalb schrie vor Schmerz, dann hörte man ein lautes, erleichterndes Zischen. Das angestaute Gas im Magen entwich. Ein widerlicher Geruch strömte aus, es war kaum auszuhalten. „Du hast wohl einen fahren lassen?", sagte Frau Hauenstein. Schlagfertig erwiderte ich: „Wer es zuerst roch, dem fuhr es aus dem Loch!" Peter meinte zufrieden: „Das war in allerletzter Sekunde." Aus dem Kälbchen wurde später eine kräftige Kuh.

Frau Hauensteins großer Bruder hieß Konrad, genannt Michelskunz. Ein jeder kannte ihn im Hummelgau. Er war ebenfalls Bauer und lebte mit seiner Familie ein paar Häuser weiter im Dorf. Auch er war ein Schlitzohr wie seine Schwester, darüber hinaus ein leidenschaftlicher Jäger. Vor dem Einschlafen wollte ich immer seine Streiche aus der Jugendzeit hören. Ich konnte von diesen Geschichten gar nicht genug bekommen.

„Es war wohl um die Zeit vor dem Ersten Weltkrieg", so erzählte sie. Auf der Kirchweih gab der Kunz damals sein ganzes Geld für Spielzeug aus. Er kaufte sich eine Blechspielzeugpistole mit der dazugehörigen Munition. In winzig kleinen runden Pappschächtelchen waren die Zündblättchen zu fünfundzwanzig Stück verpackt, jedes nicht größer als ein Fingernagel. Diese Blättchen wurden einzeln in eine Vertiefung auf die Pistole gelegt, der Hahn wurde gespannt, und wenn man den Abzug betätigte, gab es einen Knall. Als er sein Kirchweihgeld verschossen hatte, bettelte der Kunz seine Schwester um Süßigkeiten an, doch sie sagte nur: „Da bleibt dir dein Maul schön trocken!"

Auch folgende Begebenheit erzählte sie mir: Die Schulkinder mussten damals im Winter vor dem Unterricht den Ofen einschüren, um das Klassenzimmer einigermaßen warm zu bekommen. Vor dem Ofen wurde das gefrorene Holz aufgeschichtet. Dazwischen legten die Spitzbuben gefrorene Hundsdrollen, um den Lehrer zu ärgern. Beim Nachlegen der Holzscheite langte der Schulmeister dann in den mittlerweile aufgetauten, furchtbar stinkenden Hundekot. Als Strafe bekamen die Halunken mit dem Rohrstock gewaltig was auf die Finger.

Auf der Jagd

Alle Kinder in Pittersdorf nannten den Bauern Hauenstein nur „Onkel Kunz”. Eines Tages fragte ich ihn, ob er mich einmal zur Jagd mitnehmen würde. Er schaute mich prüfend von oben bis unten an. „Das können wir schon machen”, brummte er. „Übermorgen in der Früh geh ich auf Bock. Um vier Uhr morgens bist du bei uns. Hast du mich verstanden?” Stolz erwiderte ich: „Geht in Ordnung, Onkel Kunz.“

Zu dieser Zeit wohnte ich nicht im Lager, sondern auf dem Hof bei Hauensteins und schlief noch bei Erna. Die Wett hatte ihr Bett auf der anderen Seite. Um drei Uhr in der Früh drückte mir Erna mit den Fingern die Nase zu, um mich zu wecken. „Los, aufstehen, du musst jetzt bald gehen!” Dann drehte sie sich um und schlief weiter. Was hätte ich in dem Augenblick nicht alles gegeben, um gleich wieder unter die warme Bettdecke krabbeln zu können!

Verschlafen lief ich nach unten in die Küche. Ich schürte den Ofen ein und machte mir einen Topf voll Milch heiß. Den goldbraunen, dicken Rahm vom Vortag aß ich besonders gern. Dazu schmierte ich mir ein fettes Butterbrot. Es war unheimlich zu so ungewohnter Zeit in dem großen finsteren Haus, überall war es totenstill, nur die große Standuhr in der vorderen Stube tickte ununterbrochen weiter. Ich musste meinen ganzen Mut zusammennehmen, um ruhig zu bleiben.

Ich zog mich an und setzte meinen alten Strohhut auf. Unheilvoll schlug die Haustür hinter mir ins Schloss. Da stand ich nun hilflos, verlassen und mutterseelenallein. Jetzt gab es kein Zurück mehr! Es war sehr frisch und noch stockfinster. Ganz Pittersdorf lag in tiefem Schlaf, kein Licht brannte in den Häusern. Selbst unser Hofhund Fips hörte mich nicht weggehen. Ich fühlte mich ganz allein auf dieser Welt. Wenn ich Angst verspürte, pfiff ich immer eine Melodie vor mich hin, so auch diesmal.

Onkel Kunz war schon bereit. Ein kurzer Morgengruß, und wir marschierten los. Jetzt wurde mir wohler; ich war nicht mehr allein und gewann mein Selbstvertrauen zurück. Ich durfte das Fernglas tragen, Worte wurden nur wenige gewechselt. So wanderten wir gemeinsam in Richtung Schobertsberg.

Der feuchtkalte Tau drang durch meine Schweinslederschuhe bis in die Zehen. Am Waldrand bestiegen wir einen Hochsitz. Leise belehrte mich Onkel Kunz: „Ab sofort wird nicht mehr gesprochen, gehustet oder gar geniest. Verstanden?“ Ich nickte nur. Über eine Stunde saßen wir steif und stumm nebeneinander auf dem kalten Sitz des Hochstandes und schauten uns die Augen aus. Nichts rührte sich, weit und breit war kein Rehwild zu sehen, obgleich es in dieser abgeschiedenen Region viel Wild gab. Für mich war es eine Qual, so lange Zeit ruhig zu sitzen, mich nicht zu bewegen und kein Wörtchen zu reden!

Am Horizont wurde es hell. Ich spürte eine innere Unruhe, mehr erwartungsvoll als ängstlich. Die Jagd auf den Rehbock war auf einmal zweitrangig. Das neue Licht des Tages breitete sich zwischen Himmel und Erde sehr langsam aus. Durch die aufsteigenden Nebelschleier konnte ich in der Ferne die Häuser von Pittersdorf erkennen. Hecken, Bäume und Felder nahmen Konturen an. Die Nacht verabschiedete sich, der neue Tag begrüßte uns. Dieses alltägliche Wunder vollzog sich unendlich langsam. Ich war hingerissen, ein nie gekanntes Glücksgefühl erfüllte mich.

Der schönste Augenblick aber stand uns noch bevor. Onkel Kunz stieß mich mit dem Ellenbogen in die rechte Seite und nickte leicht mit dem Kopf in Richtung aufgehender Sonne. Und da war sie schon, wenn auch recht zaghaft. Zwischen den hohen Tannen sahen wir die Sonne orangerot glitzernd emporsteigen, wenig später stand sie in voller Pracht zwischen Himmel und Erde. Dies war der erste Sonnenaufgang, den ich bewusst erlebt habe. Er blieb mir als einmaliges Naturschauspiel mein Leben lang im Gedächtnis. Heute noch, wenn ich in die Pilze gehe, sehe ich mir dieses Wunder der Natur von einem geeigneten Standort aus gerne an. Doch so wunderschön aufgeregt wie damals war ich nie wieder.

Was die Jagd betraf, ging jetzt allerdings nichts mehr. „Gemma”, sagte mein Jägersmann. „Wenn du willst, mein Freund, und die Wett dir frei gibt, gehen wir am Nachmittag auf Rebhühner.”

Von links nach rechts: Erna Hauenstein, Vroni, Wett, Herr Oder

Es waren noch drei andere Jäger mit von der Partie, und ich war der Treiber. Den schönen, langen Herbstnachmittag liefen wir über Feld und Flur. Viele der flinken braunen Hühner hielten sich in den Stoppelfeldern verborgen, um die liegengebliebenen Körner aufzupicken. Kettenweise flogen sie gegen den Himmel auf. Das war der richtige Moment für die Jäger: Von allen Seiten krachten die Schrotflinten, gleich darauf trudelten einige Rebhühner tot zu Boden. Zwei Jagdhunde liefen kreuz und quer über die Felder, um gleich wieder neue Hühner aufzuspüren. Einerseits taten mir die armen Vögel leid, andererseits war ich stolz, sie aufsammeln zu dür-

Auf der Kuhweide in Pittersdorf

fen. Ich bekam einen speziellen Gürtel mit vielen Haken und Ösen umgeschnallt, daran wurden nach und nach die erlegten Vögel gehängt. Am Ende der Jagd waren es wohl ein Dutzend.

Nach der erfolgreichen Jagd kehrten wir im Dorfwirtshaus ein. Ich bekam eine große Flasche Limonade und eine kräftige Brotzeit. Danach verabschiedete ich mich mit einem mutigen „Weidmannsdank". Sicher wunderten sie sich, wo ich, der kleine Kerl, den Gruß gelernt hatte: Die Wett hatte mich vorher aufgeklärt. Ich war sehr stolz, nun auch zu den Weidmännern zu gehören.

Zu den täglichen Aufgaben von uns Kindern gehörte es auch, das Hasenfutter herbeizuschaffen. Fast alle Familien hatten damals Stallhasen. Nach Feierabend zogen ganze Trupps los, um das wichtige Futter heimzubringen, was nicht immer leicht war. Man konnte den Bauern vorher fragen – oder es einfach klauen. Letzteres war häufiger der Fall, denn es sollte ja mög-

Die Familien Lange und Lukas vor dem Hasenstall

lichst viel und gut sein. Hasen sind Feinschmecker. Am liebsten fressen sie frischen Löwenzahn. Man sollte es nicht glauben, was ein Dutzend ausgewachsener Stallhasen wegmuffeln kann! In den Sommermonaten war die Futterbeschaffung relativ einfach, da gab es Gras und andere Kräuter genug. Nach der Heuernte rechten wir die Wiesen der Bauern sauber nach. In Säcken wurde das Heu für den Winter in den Holzschuppen gebracht und dort aufbewahrt. Im Herbst kam noch das wichtige Stroh hinzu. Auch die Futterrüben mussten organisiert und eingelagert werden.

Wohl den Familien, die damals ein paar Enten, Gänse oder Stallhasen übers Jahr durchgefüttert hatten. Dank unserer Mutter wurden auch unsere Gänse dick und fett. Sie schnitt ihnen mit einer Schere in die Schwimmhäute, wenn sie noch Küken waren, das war ihr Erkennungsmerkmal. So wussten wir immer gleich, welche Vögel zu wem gehörten. Mit der Weihnachtszeit nahte das Ende der armen Tiere: Der Kopf wurde ihnen abgehackt, das Blut in einem Topf aufgefangen und mit einem Schuss Essig und Salz feste gerührt, damit es nicht gerann. Aus dem Gänseklein bereiteten wir Finsel.

Dieses Gericht bestand hauptsächlich aus Kopf, Hals, Füßen und den Innereien der Gans. Sie wurden gekocht und die so gewonnene Brühe mit Zwiebeln, Salz, Pfeffer und Majoran eingedickt. Dazu gab es Sauerkraut und Salzkartoffeln. Ein feines Essen! Jeder Knochen wurde abgenagt, nichts weggeworfen.

Es weihnachtet sehr

Endlich war der langersehnte Nikolaustag da. Ungeduldig erwarteten wir den weitgereisten Himmelsboten. Damals lag um diese Zeit oft schon der erste Schnee. Wir Lagerkinder saßen bei Tante Lukas in der großen Stube auf der langen Bank ruhig und brav nebeneinander und warteten auf den heiligen Mann. Als Heiligen erlebten wir ihn freilich nicht, sondern eher als ungehobelten Grobian.

Plötzlich polterte es draußen, und Haselnussruten prasselten gegen die Fensterscheiben. Dazwischen hörten wir das Rasseln einer schweren Eisenkette. Wir zitterten, die Kleinen begannen zu weinen. Die Tür flog auf und krachte gegen die Bretterwand. „Ruhe, oder es gibt gleich etwas auf den Buckel!“, schrie der Nikolaus. Das hätte er sich sparen können - wir waren sowieso alle mucksmäuschenstill. Unsere Mutter hatte Mitleid mit uns und bat, er solle es nicht gar zu toll zu treiben, was ihn jedoch wenig beeindruckte. „Los, Keule springen, wird’s bald!“, kommandierte er.

Etwa einen halben Meter über dem Boden hielt er einen langen, dicken Knüppel waagerecht vor sich. Mit Feldwebelton herrschte er meinen Bruder Rudi an: „Los, du bist der Erste!“ Rudi schaffte es, den Stock zu überspringen, und wurde barsch gefragt, was er sich denn wünsche. Mein Bruder antwortete, aus welchem Grund auch immer: „Ein Haus.“

„Was?“, schrie der unheilige Mann, „du bist wohl nicht ganz richtig im Kopf? Der Pimpf will ein Haus! Wir alle haben keines! Sei froh, dass dir deine Schuhe passen! Setz dich und rühr dich nicht vom Fleck, du Strolch!“ Rudi war total am Boden zerstört und tat mir sehr leid. Vor mir waren noch etliche Jungs dran. Viele schafften den Sprung. Wer nicht hoch genug sprang, bekam mit dem Besen ein paar kräftige Hiebe auf den Rücken.

Max wollte es besonders gut machen. Er lief rückwärts, um Anlauf zu nehmen. Dabei trat er Tante Reichel aus Versehen auf den Fuß. Diese schrie auf. „Komm sofort her, mein

Bürschchen!“, rief der Nikolaus. Er schnappte sich Max am Kragen und legte ihn übers Knie.

Dann war ich an der Reihe. Er drohte mir mit der Keule: „Schau nicht so langsam, spring!“ Trotz aller Mühe schaffte ich es nicht. Freilich hatte ich das Gefühl, dass er den Knüppel absichtlich höher als sonst gehalten hatte. Ich stolperte und fiel hin. Sein einziger Kommentar: „Wenn ich nächstes Jahr wiederkomme, schaffst du es, verstanden?“ Ich schlich mich beschämt und wütend zugleich in die hinterste Ecke des Zimmers.

“Keule springen“ ist übrigens ein alter schlesischer Brauch am Nikolaustag.

Die kleinen Mädchen mussten ein Lied singen oder ein Gedicht vortragen. Schließlich rief er mit drohend erhobener Keule: „Bleibt mir ja recht brav und anständig! Ich komme wieder, und wehe euch …!“ Schnurstracks ging er zur Tür. Hatte er uns wirklich nichts Gutes mitgebracht? Abrupt dreht er sich um und rief: „Hätte ich es doch bald vergessen! Antreten, die ganze Bande! Jeder langt ein Mal in den Sack und nicht öfter, verstanden!“ Alle Kinder bekamen eine braune Papiertüte mit Süßigkeiten, die nicht immer ganz frisch, sondern teilweise schon recht klebrig waren.

Weihnachten war der festliche Höhepunkt des Jahres, auch bei uns im Lager. In den ersten Jahren, wo noch viele Familien auf engstem Raum lebten, gab es aus Platzmangel keinen Christbaum. Die Frauen flochten Adventskränze aus Tannenzweigen, schmückten sie mit Lametta und hängten sie an die Decke. Am Nachmittag des Heiligen Abends war der Kirchgang ein Muss.

Im Lager roch es überall köstlich nach Fischtunke. Die Zutaten sind relativ leicht und preisgünstig zu beschaffen: frischer Knollensellerie, Wurzelpetersilie und Zwiebeln werden in große Würfel geschnitten. Zwetschgenmus ohne Zukker, Malzbier, Soßenlebkuchen, Lorbeerblätter, Salz und Pfeffer werden mit einem Brühwürfel in Wasser aufgekocht und mit dem Gemüse vermengt. Nun wird altbackenes Brot in den Teller eingebrockt und mit dem so gewonnenen Eintopf übergossen. Man isst dazu verschiedene Sorten von Koch- und Brühwürsten und als Beilage Sauerkraut.

Fischtunke ist eigentlich die Soße zum polnischen Karpfen. Da es in der Gegend um Zindel keine Fischweiher gab, nehme ich an, dass unsere Vorfahren als Karpfenersatz die Würste verwendeten, umso mehr, da in Schlesien immer in der Zeit vor Weihnachten geschlachtet wurde.

Nach der Christmette liefen wir drei Geschwister immer im Dauerlauf nach Hause. Das Festmahl war schon aufgetischt. Nicht selten begann eine Art Wettessen, nach dem jeder damit prahlte, die meisten Würste gegessen zu haben. Anschließend gab es die bescheidene Bescherung: die üblichen selbstgestrickten Wintersachen wie Socken, Strümpfe, Fäustlinge oder Schals. Einmal bekam ich vom Christkind auch ein kleines Spielzeugauto aus Blech. Das Aufregendste daran war, dass es automatisch rückwärts fuhr, wenn es an der Tischkante ankam oder irgendwo anstieß.

Nach der Bescherung las Mutter die Weihnachtsgeschichte aus dem Lukas-Evangelium vor, und wir sangen gemeinsam einige Weihnachtslieder aus dem Gesangbuch. Damals hatte ich eine besonders helle Stimme, und Mutter bestand stets darauf, dass ich ihr noch *Heidschi bum beidschi* vorsinge. Zunächst schämte ich mich, vor so vielen Leuten alleine zu singen. Damit ich besser gesehen wurde, musste ich mich auch noch auf einen Holzschemel stellen. Nach viel gutem Zureden tat ich ihr schließlich den Gefallen. Am Ende klatschten alle Beifall, eine kurze Verneigung, und ich war erlöst. Danach wollte mir meine Tante einen Kuss geben. „Aber nicht auf den Mund!“, bat ich.

Münzen und Naturgewalten

Unmittelbar am Bauersgraben lag ein großer Obstgarten, der zu unserem Leidwesen eingezäunt war. Birnen und Äpfel zu klauen gehörte für uns Lagerkinder fast zur Tagesordnung. Ich, der Kleinste der Bande, wurde oben auf dem Bahndamm als Wachposten aufgestellt, um etwaige Gefahren sofort zu melden. Die großen Jungs zwickten mit einer alten Zange ein Loch in den Maschendrahtzaun. Innerhalb weniger Minuten wurde anschließend ein ganzer Baum abgeerntet. Später stellte der Besitzer Warntafeln mit den Hinweisen „Selbstschuss" und „Schlagfallen" auf, um Diebe abzuschrecken. Viel hat es ihm aber nicht genutzt.

Das begehrte Nebenprodukt unseres Geflügels waren die wertvollen Federn. Die Flügel dienten als Kehrbesen, und warme Betten waren überlebenswichtig, da es im Winter in den Baracken immer sehr kalt war. Auch an die Aussteuer wurde gedacht. Von Anfang Dezember bis weit nach Weihnachten wurden Federn geschlissen; eine Woche bei uns, die nächste beim Nachbarn und so weiter, bis jeder mal an der Reihe gewesen war.

Geschlissen wurde nur abends. Mitten auf den Tisch wurde ein Haufen Federn geschüttet, und rundherum saßen die fleißigen Helferinnen, meistens ältere Frauen. Sie fassten die Federn oben an, zogen sie mit einem Ruck links und rechts am Kiel herunter und warfen die so gewonnenen Flaumen auf einen gesonderten Haufen. Der wertlose Kiel landete unterm Tisch. Nach einiger Zeit taten einem die Fingerspitzen weh, und durch den umherfliegenden Federstaub mussten viele niesen. Trotzdem wurde bei dieser Arbeit geratscht und getratscht. Das Schönste aber war der anschließende „Federball". Jede Familie zeigte sich großzügig: Mit Marmelade gefüllte Krapfen wurden gebacken, und ausnahmsweise gab es echten Bohnenkaffee, dazu hier und da ein Schnäpschen oder einen Eierlikör.

Mit der Währungsreform am 20. Juni 1948 kamen zahlreiche Veränderungen. Unser Bürgermeister Feilner händigte

Von links nach rechts: Marta, Tante Brünner, Max, Tante Wulfen, Christa, Onkel Paul und Tante Emma

jedem Bürger vierzig Deutsche Mark aus, so hatten alle gleich viel Geld. Schlagartig füllten sich die Schaufenster, und es gab beinahe alles zu kaufen. Langsam kehrte das normale Leben nach Mistelbach zurück. In den fünfziger Jahren besserten sich die Verhältnisse enorm: Lebensmittelkarten und Bezugsscheine für Schuhe und Klamotten wurden abgeschafft, der Alltag wurde viel erträglicher. Für uns aber ging das Lagerleben weiter.

Weil es in der näheren Umgebung von Mistelbach zu wenig Arbeit gab, zogen ganze Trupps von Vertriebenen in die Nähe der umliegenden Städte. Etliche unserer Verwandten gingen auch weiter weg, nach Düsseldorf, Köln oder Karlsruhe. Einige der Heimatvertriebenen und Flüchtlinge blieben in Mistelbach, gründeten Familien, bauten Häuser oder verheirateten sich mit Einheimischen.

Auf keinen Fall durften wir Dorfkinder im Ort eine Hochzeit verpassen, denn nach der Trauung wurde in der Kirche

Geld ausgeworfen. Dabei ging es oft sehr ruppig zu; die Größeren traten uns auf die Hände oder schubsten uns weg. Im Nachbarort Gesees geschah bei einer solchen Gelegenheit ein tragischer Unfall: Eine Handvoll Münzen rollte unter einen Omnibus, ein Kind wollte sie aufsammeln und wurde überfahren. Im Durchschnitt grabschten wir ein bis zwei Mark in Fünf- und Zehnpfennigstücken. Für etwa zwanzig Pfennig kauften wir uns gleich beim Bäcker Wunderlich Bonbons, den Rest sparten wir.

Im Konfirmandenalter halfen wir dem „Försterkunz", einem rauen, grobschlächtigen Junggesellen, an verschiedenen kirchlichen Festtagen beim Glockenläuten. Bei jeder Hochzeit war er der Erste, der dem Brautpaar gratulierte, nachdem es die Kirche verlassen hatte. Mit einem Stumpen zwischen den Lippen nahm er brummend sein Trinkgeld entgegen.

An einem Samstag war wieder eine Hochzeit im Ort angesagt. Die Kirche war proppenvoll. An der Orgel saß unser späterer Lehrer Jahn, und Frau Baumann, die Messnerin, trat den Blasebalg. Mit dem Lied *Jesus,* geh voran betrat das Brautpaar feierlich die Kirche. Da verstummte die Orgel kläglich - kein Ton kam mehr heraus! Unser Lehrer saß wie versteinert vor seinem Instrument, dann fuhr er hoch, sein Kopf drehte sich hin und her, aber die Orgelpfeifen blieben stumm. Auch in der Kirche war es totenstill. Nur das unheimliche Geräusch des defekten, quietschenden und kratzenden Blasebalgs war zu hören. Frau Baumann schwitzte und zitterte und versuchte mit aller Macht, den vermaledeiten Blasebalg in Gang zu bringen, dazu hatte sie noch die zornigen Blicke unseres Lehrers zu ertragen. Doch vergebens: der Seilzug des Blasebalgs im Inneren der Orgel war gerissen.

Eine Woche später kamen die Orgelbauer, um den Schaden zu reparieren. Unsere Schule befand sich unmittelbar neben der Kirche, und in der Pause gesellte ich mich zu den Arbeitern. Ich setzte mich an die Orgel und spielte eine einfache Melodie. Da erschien der Meister und sagte mir auf den Kopf zu: „Du bist mein neuer Stift!" Am Abend kam er zu uns ins Lager, um diese Angelegenheit mit Mama zu besprechen. Ich meinerseits hätte nichts dagegen gehabt, Orgelbauer zu werden, aber Mutter blockte sofort ab: „Schauen Sie sich den Jungen an, wie klein und zierlich er ist - und erst elf Jahre alt!“ Heute sehe ich es ein, es wäre wohl wirklich nicht das Richtige für mich gewesen.

Am 18. Juni 1951, einem heißen Sommertag, ging über Mistelbachs Fluren ein schweres Unwetter nieder. Am späten Nachmittag legte sich ein milchiger Nebel vor die Sonne. Ein nie gekanntes, unwirkliches Licht lag über dem Land, und die Vögel verstummten. Eine unheimliche Stille breitete sich aus. Von Westen her schob sich eine quittengelbe Wand unheilverkündend immer näher. Wenige Minuten später schlug die Naturgewalt erbarmungslos zu. Blitz auf Blitz tauchte die Landschaft in ein gespenstisches Licht, wie ein Trommelwirbel setzte der Hagelschlag ein und knallte golfballgroße Körner auf die Barackendächer.

„Die Welt geht unter! Gott steh uns bei!“, riefen die alten Frauen. Mutter betete laut das Vaterunser. Im Nu verwandelte sich die Natur in eine Winterlandschaft, und der Hagel machte innerhalb von Minuten die ganze Ernte zunichte. Die mit viel Arbeit angelegten Gemüsegärten wurden platt gewalzt, die Getreideernte war vollkommen vernichtet, nur die Kartoffeln erholten sich einigermaßen. Auf Feld und Flur lagen überall tote Hasen und Vögel, ja sogar Rehe hatte das Unwetter getötet. Es war ein fataler Rückschlag für unsere Versorgung in der ohnehin schlechten Zeit.

Bei einem weiteren Unwetter, es war an einem Samstagnachmittag, folgte auf einen hellen Blitz ein fürchterlicher Schlag. Die Fensterscheiben klirrten. Mutter erkannte sogleich: „Das war ein Einschlag, gleich wird es irgendwo brennen!“ In unmittelbarer Nachbarschaft hatte der Blitz in einen alten Eichenbaum eingeschlagen und ihn von der Krone bis zu Hälfte des Stammes gespalten. Kurz darauf versammelte sich das halbe Dorf, um den Unglücksbaum zu bestaunen. Es roch nach Schwefel und verbranntem Holz.

Eines der ersten Kinos in unserer unmittelbaren Umgebung war das Altstadtfilmtheater in Bayreuth. Da gab es sonntagnachmittags eine Vorstellung für die Jugend. Die ersten Wildwest- und Abenteuerstreifen wurden gezeigt; genau das Richtige für mich mit meinem beständigen Fernweh! Wenn wir das nötige Kleingeld zusammengespart hatten, brachen wir größeren Lagerkinder sofort nach dem Mittagessen in Richtung Bayreuth auf. Nach langem Fußmarsch – nicht selten ohne Schuhe - erreichten wir erwartungsvoll unser Ziel. Von den Stadtkindern wurden wir freilich nicht selten mit abfälligen Bemerkungen begrüßt: „Wo kommt ihr denn her, ihr Barfußläufer, Dreckverkäufer, Bauernburschen?" Um keine Schlägerei zu provozieren, überhörten wir ihre Beleidigungen, außerdem waren sie weit in der Überzahl.

Mit „Fox tönende Wochenschau" begann das Programm. Besonders gut erinnere ich mich an den Film Das *Ungeheuer vom Amazonas*. Allein das Wort „Amazonas" weckte in mir die Sehnsucht nach fernen Ländern! Nach der Vorstellung legten wir unsere verbliebenen Groschen zusammen und kauften uns eine große Flasche Brause.

Kirchweih in Mistelbach

Immer am letzten Sonntag im August war Mistelbacher Kirchweih, das Jahresereignis schlechthin. Wenn die Schausteller mit ihren Wagen kamen, lief die ganze Dorfjugend aufgeregt hinterher. Schiffschaukel, Karussell, Schieß- und Eisbuden sowie eine uralte Walzenorgel wurden auf der Lagerwiese aufgebaut. Das ganze Dorf war in Feierlaune: In den Häusern wurde geputzt, Höfe und Straßen wurden gekehrt und vor den Wirtshäusern Tanzböden aufgestellt. Man kochte, buk und briet, was die Küche nur hergab. Die Bauernkinder brachten den Schaustellern und Schaukelburschen in Butterschmalz gebackene Küchle, dafür bekamen sie Freikarten für Schaukel und Karussell. Diesen Vorteil hatten wir Lagerkinder leider nicht.

Die ersten Südfrüchte waren hier im Angebot: Orangen und Bananen. Eine Maß Bier auf der Kirchweih kostete eine Mark, ein Fischbrötchen fünfundzwanzig Pfennige und meine erste Coca-Cola dreißig Pfennige. Das Schönste und Wichtigste war jedoch das Kirchweihgeld von den Eltern, Onkels und Tanten, das ich mir mehr oder weniger zusammenbettelte. Fünf bis sieben Mark waren das Minimum. Alle Kinder prahlten damit, aber es musste auch fünf Tage lang reichen.

Der Karussellbesitzer war sehr dick. Die älteren Jugendlichen machten sich einen Spaß daraus, ihn zu necken, und sagten zu ihm: „Herr Mayer, Ihr Hosenladen ist offen.“ Er konnte nicht über seinen dicken Bauch schauen, hatte jedoch für alle Fälle immer einen kleinen runden Spiegel bei sich. Den hielt er dann so weit es ging von sich weg, um sein Hosentürchen zu sehen, und schimpfte schließlich laut: „Ihr Dunnerwetter, ihr Fregger, ihr Stehsacher und Schneebrunser! Gleich bekommt ihr ein paar Schellen!“ Aus sicherer Entfernung lachten wir ihn zu unser aller Vergnügen laut aus. Eine Freifahrt auf seinem Karussell gab es dafür allerdings nicht.

Der Kirchweih-Montag war mehr oder weniger der älteren Generation vorbehalten. Die zwei Gasthäuser, Großmann und

Kirchweih 1956. Das mit den beiden Punkten gekennzeichnete Paar ist meine Schwester Gisl mit ihrem Tänzer, dem Finkenmühlhans.

die Schlossgaststätte, waren proppenvoll. Selbst die Bauern, die nicht so oft ins Wirtshaus gingen, holten in aller Frühe das Futter für ihr Vieh, um pünktlich um neun Uhr beim Frühschoppen zu sein. Wer nicht rechtzeitig erschien, musste eine Lokalrunde ausgeben. Kirchweih-Montag war für alle Bauern, Arbeiter und Handwerker in Mistelbach ein ungeschriebener Feiertag.

Schon von weitem hörte man die „Misselbocher Musikanten" aufspielen. Es waren nur drei, doch sie waren im ganzen Hummelgau bekannt und beliebt. An solchen Festtagen spielten sie von früh bis spät in die Nacht frei und ohne Noten, dass man es bis ins Lager hörte.

Das Bier floss in Strömen durch die durstigen Kehlen, die Stimmung war äußerst ausgelassen. Die Dorfstraße war voll von Besuchern. Während die unermüdlichen Musikanten ihre nicht immer stubenreinen Lieder spielten und sangen, wurde alle paar Stunden ein Teller durch die Gasträume gereicht mit den Worten: „Einen fröhlichen Geber hat Gott lieb." Das war am Ende ihr Lohn. Immer wieder dazwischen rief einer von ihnen: „Nicht so viel klatschen, lieber mehr Fuchsgerla (Fünfziger)! Unsere Kinder haben Hunger!“

Am Dienstagabend wurde am Dorfende bei den drei Eichen die Kirchweih eingegraben. Auf einer Bahre wurde ein betrunkener Bursche, der nicht mehr gut auf den Beinen war, symbolisch zu Grabe getragen. Umrahmt wurde die Zeremonie von einem langen Trauerzug mit viel Gejammere und Geheule. Einer hielt am Ende eine schaurigschöne Trauerrede. Danach ging es noch einmal in den Großmannssaal, wo der Wirt die am Vortag eingespielten Eier briet; anschließend gab es die Küchle. Das nebenher gesammelte Geld, in einer Zigarrenkiste aufbewahrt, wurde für Freibier ausgegeben. Um Mitternacht war dann die Kirchweih vorbei, und alle freuten sich schon auf das nächste Jahr.

Auch ich war einmal stolzer Kirchweihbursche. Das war im Jahr 1957. Meine Aufgabe war es, den lieben langen Kirchweihmontag beim Rumspielen durchs Dorf den Huckelkorb zu tragen, in dem die Küchla eingesammelt wurden. Damals wurde noch in jedem Haus das feine Gebäck gebacken. Vier Tage und Nächte hat mich das Lager nicht gesehen. Mein Kirchweihmädel war eine Verwandte, die Margitta Lange. Mit viel Liebe und Sorgfalt schmückte sie mir mit Blumen meinen Maßkrug. 120 Mark hat mich der Spaß gekostet. Das waren immerhin zwei Monatslöhne.

Lehrzeit in Bayreuth

Am 1. September 1953 - der Himmel versprach einen strahlenden Sommertag - begann meine Lehrzeit als Polsterer. Um Viertel vor sieben stand ich mit meinem neuen Fahrrad aufgeregt und erwartungsvoll unter dem Torbogen der Sophienstraße 10 in Bayreuth. Drei weitere Lehrlinge, allerdings in verschiedenen Lehrjahren, beobachteten mich halb neugierig, halb misstrauisch. Pünktlich um sieben Uhr war die Belegschaft vollständig in der Werkstatt versammelt, und der Meister erschien. Er sah mich kurz an und fragte: „Wer bist du denn?“ Ohne Umschweife erwiderte ich: „Ich bin der neue Stift.“ - „Ach so, heute ist ja der 1. September, dich hätte ich beinahe vergessen“, erwiderte er und stellte mich den anderen als neuen Mitarbeiter vor.

Ein Lehrling, er war schon im dritten Lehrjahr, zeigte mir sogleich, wie man eine Matratze mit Seegras füllt. Ich merkte rasch, dass diese Tätigkeit kein besonderes Können verlangte; unangenehm war nur, dass es tüchtig staubte. Die Wulst rund um beide Seiten der Matratze mit festem Faden und einer überlangen Nadel anzubringen bedurfte da schon längerer Übung.

In den nächsten Tagen brachte ein Geselle mir bei, wie man ein rohes Sofagestell aus hartem Eschenholz mit steifen Jutegurten bespannt. Ich bekam einen eigenen Hammer sowie eine Nageltasche mit mehreren Fächern, in denen Nägel verschiedener Länge untergebracht waren. Wie viele gekonnte Arbeitsgänge nötig waren, bis so ein Stück fertig war und ausgeliefert werden konnte! Hauptsächlich stellten wir neue Polstermöbel her, restaurierten jedoch nicht selten auch reparaturbedürftige alte Sitzmöbel. Was damals noch einigermaßen zu gebrauchen war, wurde wieder in Ordnung gebracht; vor allem erneuerten wir die Bezüge. Gelegentlich wurden uns auch schöne antike Möbel zur Reparatur gebracht, aber an die durfte nur unser Obergeselle ran.

Er war zugleich Vorarbeiter und sehr gewissenhaft. Jeden Fehler sah er sofort. Im Gegensatz zu den übrigen rauen Gesellen war er die Ruhe in Person. Hatte man ein Problem bei der Arbeit, musste man nur mit dem Fuß kräftig auf den Boden stampfen, und sofort kam er herbei. Der Grund für diese ungewöhnliche Art der Verständigung: Der Obergeselle war taubstumm.

Unser Meister war nur selten in der Werkstatt anzutreffen. Seine Hauptaufgabe war es, vorne im Laden Möbel zu verkaufen. Falls er doch einmal durch den langen Gang nach hinten kam, rief derjenige, der es als Erster bemerkte: „Ruhe, der Meister kommt!“ Während der Arbeitszeit durfte nämlich nur wenig gesprochen werden. War der Meister aber außer Sichtweite, wurde wieder so mancher Blödsinn gemacht.

Alle paar Wochen gingen wir Lehrlinge und Gesellen alle zusammen in das alte Stadtbad. Ich konnte noch nicht schwimmen. Meine Kollegen stießen mich gnadenlos vom Dreimeterbrett in die Tiefe, allerdings schwammen unten zwei Gesellen, um mich im Notfall vor dem Ertrinken zu retten. Wenn ich auftauchte und nicht gleich von der Stelle kam, schnappten sie mich am Kragen und zogen mich ins Nichtschwimmerbecken. Diese Prozedur musste ich mehrmals über mich ergehen lassen, und so lernte ich auf unkonventionelle Art und Weise das Schwimmen.

Warum ich ausgerechnet Polsterer wurde? Eine höhere Schule zu besuchen, war damals für ein Dorfkind absolut unüblich. Die Bauernkinder übernahmen später den elterlichen Hof, die Söhne selbstständiger Handwerksmeister übernahmen deren Werkstatt - das war selbstverständlich. Und die anderen? Unser Lehrer, Herr Jahn, gab hilfreiche Ratschläge: „Du kannst gut malen und lernst Maler!“ So wurde jedem sein zukünftiger Beruf gleichsam vorgeschrieben, ob es ihm recht war oder nicht. Viele meiner Mitschüler lernten das Maurerhandwerk, andere wurden Schlosser, Tischler und Zimmermann. Das waren damals die gängigsten Berufe, um gutes Geld zu verdienen.

Die Lehr- und Gesellenzeit war nicht immer leicht. Meister und Altgeselle hatten eine lockere Hand. Außerdem wurde von früh sieben Uhr bis abends um sechs Uhr in der Werkstatt gearbeitet, und das an sechs Tagen in der Woche. Auch Überstunden musste man ungefragt ableisten. Bei Wind und

Wetter hatte ich den Weg nach Bayreuth täglich mit dem Fahrrad zurückzulegen. Früh und abends waren die Straßen voller Radfahrer: sie kamen alle aus den umliegenden Dörfern und drängten in die „Metropole“ Bayreuth.

In den Handwerksbetrieben war es üblich, um neun Uhr Brotzeit zu machen. Sie zu besorgen, war stets die Aufgabe des jüngsten Lehrlings. Mehr als eine Viertelstunde durfte dafür nicht überschritten werden; unser Meister sah da genau hin. Während der Brotzeit wurde das Licht in der Werkstatt ausgeschaltet. „Ihr findet euer Maul auch ohne Licht“, fand er. Jeden Abend wurde die Werkstatt ausgefegt. Heruntergefallene noch verwendbare Nägel mussten aus dem Kehricht herausgelesen werden.

Gegen Monatsende hatte ein Geselle nur noch siebzehn Pfennige in seiner Geldtasche. Dafür sollte ich ihm ein Leberkäsbrötchen holen. Ich schämte mich, mit diesem lächerlichen Betrag beim Metzger anzutanzen. Aber was sollte ich tun, wenn ich mir vom Gesellen keine Watsche einhandeln wollte? Der Metzger sah mich an, als hätte er nicht richtig gehört, und brüllte: „Du hast wohl den Arsch offen! So viel kostet mich ja beinahe das Brötchen! Wenn du noch einmal mit solchen Wünschen kommst, schmeiße ich dich raus, du Stift!“ Danach sagte ich dem Gesellen, er solle seine Wurstsemmel für diesen knickerigen Betrag selbst holen und sich auch selbst anschreien lassen.

Immer wieder fiel unseren verrückten Gesellen etwas Neues ein. Einer machte sich einen Spaß daraus, Geschäftsleute zu ärgern. Telefonisch bestellte er zwanzig Zentner Brikett bei einer Kohlenhandlung und ließ sie in einem entfernten Stadtteil einem unbekannten Abnehmer liefern, was damals noch per Pferdefuhrwerk geschah. Der ahnungslose „Kunde“ fiel dann natürlich aus allen Wolken. Ähnliche Gaunereien machte der Geselle auch bei Bäckern und Metzgern. Einmal bestellte er ein halbes Dutzend Torten für eine Hochzeit, die gar nicht stattfand. Darüber lachte er sich halb tot.

Bei schönem Wetter verbrachten wir unsere Mittagspausen auf der belebten Maxstraße in der Innenstadt. Die volle Belegschaft vom Stift bis zum Gesellen schlenderte die Einkaufsstraße rauf und runter; wir sahen uns die Auslagen in den Schaufenstern an und machten jeden Blödsinn, der uns gerade einfiel. Am Café Funsch, damals ein beliebter Treffpunkt von allerlei zwielichtigen Gestalten und leichten Mädchen - abends kamen noch amerikanische Soldaten dazu -, hielten wir uns gern auf, denn dort war die Jugend versammelt, aber nicht im Lokal, weil uns dazu das nötige Kleingeld fehlte, sondern im Hinterhof.

Da stand der erste Fußballkickerautomat. Für zehn Pfennig konnte man knapp zehn Minuten lang spielen. Danach gab der Automat keine Bälle mehr frei. Der Kicker war den ganzen Tag über von Spielern und Schaulustigen umlagert. Nach und nach bildeten sich Mannschaften.

Werner war einer unserer Gesellen und hatte seinen Spaß daran, harmlose Leute auf die Schippe zu nehmen. Unter den Fußgängern suchte er sich sein Opfer aus, eine junge Frau, und fragte sie harmlos nach dem „Schanderbamdenkmal". Verblüfft sah die Frau ihn an und meinte: „Das kann ich Ihnen beim besten Willen nicht sagen, nie davon gehört!" Sie fragte nochmals nach: „Wie heißt das Denkmal, das Sie suchen?" - „Schanderbam", erwiderte Werner. Wir im Hintergrund konnten uns das Lachen kaum verkneifen. Die Frau schüttelte den Kopf und verneinte abermals, sie kenne kein solches Denkmal.

Unser Geselle ließ nicht locker und fragte die nervös und ungeduldig werdende Frau: „Sind Sie aus Bayreuth?" - „Ja, ich wohne hier", erwiderte die Ahnungslose. „Ja, da werden Sie doch das Schanderbamdenkmal kennen?" - „Nein, nein, ich weiß es nicht. Was soll die viele Fragerei, und was ist das denn für ein Denkmal?", fragte sie nochmals. Er erwiderte lachend: „Sie kennen sicher das Jean-Paul-Denkmal?" - „Warum sagst du nicht gleich den richtigen Namen? Du blöder Kerl! Willst mich wohl auf den Arm nehmen? Schau bloß, dess di schwingst, du dummer Rotzlöffel", erwiderte die aufgebrachte Frau vor dem Hintergrund unseres Gelächters.

Unser Meister hatte damals Mitte der fünfziger Jahre den ersten Volkswagen mit einem Gepäckständer oben auf dem Dach. Das war für uns ein enormer Fortschritt, denn so brauchten wir den schweren Handkarren nur noch selten zum Ausliefern unserer Polstermöbel. Möbel aller Art wie Schränke, Truhen, Seegrasmatratzen und Sofas wurden auf dem Dachständer transportiert. Bei ganzen Wohnungseinrichtungen kam der blaue Eilbote aus dem Geißmarkt angerauscht.

Einmal hatten wir einen Kleiderschrank nach Heinersreuth auszuliefern. Mit vielen Decken wickelten wir die Einzelteile ein und befestigten sie auf dem Dach. Ich nahm auf dem Beifahrersitz Platz: Endlich einmal für drei Stunden raus aus der staubigen Werkstatt! Der Meister drehte an einem Hebel auf dem Armaturenbrett: „Verdammt“, sagte er, „die Blinker funktionieren nicht!“ Links und rechts an den Fenstern waren dreißig Zentimeter lange, gelbe Blinker angebracht, die aber nicht ausklappen wollten. Wir mussten also unsere Richtungsänderung per Hand anzeigen. Ging die Fahrt nach links, hielt der Meister den gestreckten Arm aus dem Fenster und winkte; bogen wir nach rechts ab, war meine Hilfe gefragt.

Hinter Bayreuth auf der Landstraße lief uns ein Hund vor das Auto. Der Meister trat kräftig auf die Bremse, ein Bums, doch es war schon zu spät. Dabei rutschte der zerlegte Schrank oben gefährlich nach vorn. Wir stiegen geschockt aus und besahen uns den Schaden. Am Auto war keine Beschädigung zu erkennen, doch der arme Hund lag mitten auf der Fahrbahn und zitterte mit den Beinen; sein Kopf war blutverschmiert. Der Meister schenkte ihm keine Beachtung, ihm ging es nur um sein Fahrzeug. Er herrschte mich an: „Pack ihn am Schwanz und zieh ihn in den Graben!“ Ich tat wie geheißen und schleifte den zappelnden Hund über die Straße. „Weiter, weiter, noch tiefer in den Graben! Los, steig ein, wir hauen ab“, befahl er mir.

Der Autor, Reinhard Tischer, 1953 als Konfirmand. In diesem Jahr begannen meine Lehre und die Berufsschulzeit.

Berufsschulstreiche

An der Berufsschule hatten wir eine Zeitlang einen Lehrer namens Häcker, der im Krieg seinen einzigen Sohn verloren hatte. Er kam einfach nicht über den Verlust hinweg. In den Unterrichtsstunden sprach er von nichts anderem als von dem „österreichischen Schweinehund" Adolf Hitler. Stundenlang schimpfte und wetterte er über den „hergelaufenen Massenmörder, den Teufel, den Höllenhund, den Lumpensack, den verfluchten Mistkerl". Das Wort „Führer" nahm er nie in den Mund. Seinen Lehrplan verlor Herr Häcker dabei weitgehend aus den Augen, was uns nur recht war.

Im Unterricht ging es sehr chaotisch zu. Einer las einen Wildwestroman, ein anderer aß sein Pausenbrot und öffnete in aller Ruhe eine Fischdose, in einer Ecke spielten andere Karten. Die Älteren unter uns nutzten die Schwäche des Lehrers erbarmungslos aus und machten dem armen Mann das Leben noch schwerer, als es ohnehin für ihn schon war. Viel gelernt haben wir dabei nicht. Zeugnisse, die wir dem Meister vorlegen sollten, waren wegen der schlechten Noten darin einfach „verloren gegangen" oder nicht auffindbar und wurden bald auch vom Meister vergessen.

Eines Tages brachte einer von den Rüpeln eine Fahne mit in die Schule, die aus lauter kleinen Hakenkreuzen bestand. Er hatte sie in einem alten Polstersessel gefunden. Die Fahne wurde in Einzelstücke zerlegt, und ein jeder band sich eine Armbinde mit dem verhassten Nazizeichen um. Wie stets brachte Lehrer Häcker auch diesmal sein Fahrrad mit in den Unterrichtsraum, weil er befürchtete, dass es ihm die Rabauken draußen im Hof in alle Bestandteile zerlegen würden. Vor lauter Schreck ließ er es fallen, als er sah, dass wir uns wie eine Abteilung Hitlerjugend präsentierten.

Feindselig und wutentbrannt sah er uns unter seiner Baskenmütze an, wurde rot im Gesicht und schrie: „Ihr verfluchten Nazischweine, habt ihr noch immer nicht genug von dem verdammten Hitlerkrieg, der uns allen das Leben kaputtgemacht hat? Habt ihr denn gar nichts aus der Vergangenheit und aus dem, was ich euch stundenlang beigebracht habe, gelernt? Wie ihr nur so widerlich zu mir sein könnt! Schämt euch, ich habe Besseres von euch erwartet!“ Er schimpfte noch lange weiter und konnte sich einfach nicht beruhigen.

Mir tat der Mann leid, aber ich als Einzelner konnte ihm wenig helfen. Einer von uns erbarmte sich schließlich, sammelte die bunten Fähnchen ein und legte sie aufs Pult. Herr Häcker zündete den ganzen Haufen mit einem Feuerzeug an. Allerdings geriet dabei die Tischplatte in Flammen. Unser Lehrer war vollkommen aus dem Häuschen und verlor die Fassung. Einer meiner Mitschüler opferte geistesgegenwärtig eine Flasche Cola, um größeren Schaden zu vermeiden. Die nicht zu übersehende Brandstelle auf dem Pult deckte der geschockte Herr Häcker später mit seiner Aktentasche ab.

In einer Mittagspause gingen wir geschlossen in einen nahegelegenen Krämerladen, um „billig einzukaufen“. Etwa dreißig junge Burschen drängten sich in dem winzigen Verkaufsraum. Die Ladenbesitzerin, eine betagte Frau, war völlig machtlos. Was in greifbarer Entfernung herumstand, wurde heimlich eingesteckt: Schokolade, Dosenwurst, Fischkonserven, Käseecken und zuletzt auch eine Flasche Schnaps. Später brachte einer noch drei Päckchen Zigaretten hervor; in der Tat, eine fette Beute! Wir Gauner waren auch noch stolz darauf, die arme Frau niederträchtig bestohlen zu haben.

Unser Anführer und Klassensprecher war ein Taugenichts erster Güte, vor dem alle Respekt hatten. „Alle mal herhören!“, rief er laut. „Heute Nachmittag ist schulfrei. Wir fahren an den Main, machen ein Feuerchen und verputzen unsere Beute.“ Alle mussten mitmachen, ob sie wollten oder nicht. Wochen später wollten wir nochmals einen solchen Beutezug unternehmen, doch die gute Frau war gewarnt. Sie sah uns kommen und sperrte die Ladentüre schnell zu.

Die Radtour an den Bodensee

Unsere längste Reise mit den Fahrrädern führte uns im Hochsommer 1957 an den Bodensee. Wie immer war ich es, der die Fahrt vorbereitete. Für viele meiner Altersgenossen war die Entfernung nicht zumutbar, oder sie wollten aus anderen Gründen nicht mitmachen. Doch letztlich konnte ich zwei meiner Schulkollegen von der Teilnahme überzeugen. Nach Tagen der Vorbereitungen machten Manfred Herath, Adolf Bock und ich uns gemeinsam auf zur großen Fahrt in den Süden. Wir alle hatten schon ausgelernt und bekamen einen bescheidenen Lohn. Jeder von uns besaß einen neuen Drahtesel, was für das nicht alltägliche Unternehmen wichtig war, denn die Straßen waren noch teilweise geschottert.

Unser selbstgenähtes Amizelt war mit von der Partie, obwohl wir es nur zweimal aufbauten. Die meisten Nächte verbrachten wir in Jugendherbergen. In den mit rund dreißig Personen überfüllten Sälen konnten wir allerdings nie richtig ausschlafen, und in allen Herbergen wurde geklaut, was das Zeug hielt. Am nächsten Morgen fehlten an unseren Fahrrädern Lampen, Rückstrahler, Luftpumpen und Ventile. Am Bodensee stahl uns ein Landstreicher in einem unbewachten Augenblick unsere Fahrräder, von Adolfs Gepäckträger sein neues blaues Manchesterhemd.

Gut eine Woche dauerte die Fahrt. Ich war für die Kochausrüstung und die Mannschaftsverpflegung verantwortlich. Unsere Ausrüstung war sehr bescheiden: zwei ausgeborgte Aluminiumtöpfe, einfaches Essbesteck, unser altbewährter Spirituskocher sowie eine Ersatzliterflasche voll Spiritus. Diese fiel mir auf einer abschüssigen Pflasterstraße in Donauwörth vom Fahrrad. Sie kullerte meterweit, bis sie an einem Randstein liegen blieb - doch sie blieb heil.

Es war ein heißer Tag, und wir mussten kräftig strampeln. Ein Lastwagenfahrer hatte wohl Mitleid mit uns: Er hielt an und ließ uns mit den Fahrrädern auf die Ladefläche klettern. Wir genossen den frischen Fahrtwind bis Bad Waldsee, und der Mann gab uns einige Tipps, wie wir am schnellsten an unser Ziel kämen.

Nach vier Tagen kamen wir spätabends in Meersburg an. Nahe am Ufer schlugen wir unser Zelt auf und verbrachten unbeschwerte, fröhliche Badetage am See. Trotz knapper Kasse leisteten wir uns den Luxus einer Dampferfahrt über den See auf die Schweizer Seite. Wir sahen in der Ferne zum ersten Mal die Alpen. Die Zigaretten waren hier um einiges billiger als bei uns, deshalb kaufte sich jeder fünf Packungen. Aus Angst vor dem Zoll versteckten wir die Schmuggelware unter dem Fahrradsattel und in den Werkzeugtaschen, was sich später als völlig unnötig herausstellte - die Beamten an der Grenze beachteten uns kaum.

Nach der glücklichen Heimkehr nahm mich Mutter beim Arm und sagte: „Erzähl mal, mein Junge, wie war das im Ausland, in der Schweiz? Wie sehen die Leute da aus, wie haben sie ihre Häuser gebaut? Was essen die so?“ Unsere-Großmutter war, abgesehen vom Treck, noch nie in einem anderen Land gewesen. Daher waren für sie Schweiz und Ausland nach ihren Vorstellungen eine völlig fremde Welt.

Halbstark

Nach der Lehre bildeten wir Jugendlichen Cliquen, um gemeinsam vieles zu unternehmen. Das Gasthaus Goldfuß neben dem Kino wurde unser Stammlokal. Die Familie Schneider war das allseits beliebte Pächterpaar dieser Gastwirtschaft mit Metzgerei. Franz, der Inhaber, machte eine ausgezeichnete grobe Krakauerwurst, und Anni, die Chefin, ohne Zweifel eine lebenslustige Frau, führte die Kneipe. Böse Zungen sprachen nur von einer „Ruschel", aber für uns brachte sie viel Verständnis auf. Ohne weiteres konnten wir bei ihr anschreiben lassen, wenn das Taschengeld einmal knapp wurde. Am Wochenende nach der Lohnauszahlung wurde dann abgerechnet. Sie war ein „Pfundskerl", alle Probleme konnten wir mit ihr besprechen. Anfangs hatte sie öfter gesagt: „Buam, trinkt's net so viel Bier!" Später verzichtete sie auf diese Ermahnung.

Wir spielten Billard und rauchten in aller Öffentlichkeit Zigaretten. Auch das Bier schmeckte immer besser. An den Sonntagen leisteten wir uns eine Cola mit Schuss. Die Dorfschönheiten begannen unser Interesse zu erregen. Am Samstagabend im Kino wurde verstohlen Händchen gehalten. Wir besuchten Kirchweihen und andere Feste in den Nachbardörfern; teils zu Fuß, teils mit dem Zweirad.

Mitte der fünfziger Jahre wurde in Mistelbach in einem verwaisten Tanzsaal ein Kino eröffnet. Damit blieb uns der lange Fußweg nach Bayreuth erspart. Die Veranstaltungen fanden nur Samstag und Sonntagabend statt und waren immer gut besucht; in der Regel gab es damals die beliebten Heimat- und Wildwestfilme. Der Inhaber stellte sich vor jeder Veranstaltung vor sein Publikum und sagte:

„Guten Abend, meine werten Gäste, ich wünsche Ihnen gute Unterhaltung und Entspannung."

Das Letztere betonte er wohlwollend. Viele der Besucher wussten genau, dass er sich immer wiederholte, trotzdem lachten und klatschten sie anstandshalber. Lächelnd und mit der Genugtuung, wieder ein volles Haus zu haben, entfernte er sich mit leichter Verbeugung.

Anna Seitz, eine nicht mehr junge Bäuerin, kontrollierte und entwertete die Eintrittskarten vor dem Eingang. Unser Taschengeld war damals knapp bemessen, also versuchten einige von uns Jugendlichen, sie zu beschummeln, indem wir ihr das glatte Ende eines alten Billetts vorzeigten. Ein paar Mal klappte es, doch bald kam sie uns auf die Schliche. „Ihr Rotznasen glaubt wohl, ich bin dumm und ihr könnt mich bescheißen! Da habt ihr euch aber schwer geirrt, schaut bloß, dass ihr verschwindet, ihr elenden Hundskrüppel“, schimpfte sie. Notgedrungen mussten wir uns eine Eintrittskarte kaufen.

Das Ende der Baracken

Erst zu Beginn des Jahres 1960 verließ ich für immer die Wohnbaracken. Zwei Jahre danach wurde das Lager aufgelöst und die Baracken abgebrochen. Zu dieser Zeit war ich bereits auf hoher See.

Meine Mutter zog 1962 in eine Altbauwohnung im Dorf zu einem Bauern. Mein Bruder Rudi heiratete nach Gesees und baute dort ein Haus, Gisl heiratete ebenfalls und zog zu ihrem Mann nach Pettendorf. Später siedelte sich die junge Familie wieder in Mistelbach an. Ich selbst lebe inzwischen mit meiner Frau und unseren beiden längst erwachsenen Söhnen in der Fränkischen Schweiz in Streitberg.

Mit gemischten Gefühlen denken wir alle an unsere Zeit im Lager zurück. Während der siebzehn Jahre, die wir dort verbracht hatten, war von staatlicher Seite so gut wie nichts an Renovierungsmaßnahmen erfolgt. Weder neue Fenster noch neue Türen wurden eingesetzt. Kleinere notwendige Reparaturen wurden, falls das benötigte Material vorhanden war, von örtlichen Handwerkern mit einfachem Werkzeug ausgeführt. Nur die undichten Stellen auf den Dächern wurden von einem Teertrupp alle paar Jahre neu gestrichen; bei größeren Schäden nagelten sie eine Rolle Dachpappe auf. Zum Glück wussten wir Lagerbewohner uns selbst zu helfen.

Ich kann mich nicht erinnern, dass jemals ein Vertreter der zuständigen Behörde aus Bayreuth oder der Ortsbürgermeister sich nach unseren Sorgen und Nöten erkundigt hätte. Wir verwalteten uns selbst, nachdem unser Lagerleiter Herr Liebert nach Karlsruhe gezogen war.

An die katastrophalen Verhältnisse, was die Toiletten anbetraf, mussten wir uns wohl oder übel gewöhnen. Bis zum Abbruch der Baracken trat hier keine Veränderung ein. Viele Jahre schon waren die Schlösser herausgerissen, und die Türen hingen schief in ihren Angeln. Man musste sie zuhalten, um nicht von ungebetenen Gästen in peinlicher Situation überrascht zu werden. Wie alle Kinder waren auch wir neugierig. Wir schlugen in einer bestimmten Höhe Astlöcher durch die Bretterwand, um einen Blick zu erhaschen und unsere erotische Neugier zu stillen. Allerdings kamen uns die Frauen auf die Schliche und steckten einfach einen Finger durch das Guckloch. Das ging manchmal ganz schön ins Auge! Niemand machte sich jemals die Mühe, eine Lichtleitung in die Toiletten zu legen; die Taschenlampe war ein unentbehrliches Hilfsmittel.

Einmal saß ich in dem „anrüchigen" Häuschen und musste plötzlich feststellen, dass am Nagel gegenüber nicht ein einziges Blatt Zeitungspapier hing. Hilfesuchend sah ich mich um. Tatsächlich spitzte auf dem Boden ein Eckchen Papier aus der Nachbarkabine hervor. Ich war gerettet! Dass mein Nachbarbenutzer es sich gerade zurechtgelegt hatte, wusste ich nicht. Jedenfalls ging darauf im Lager der Spruch um: „Sogar im Scheißhaus wird einem das Papier unter dem Arsch weggeklaut."

Die einzige Wasserstelle im Lager funktionierte, wenn sie nicht gerade eingefroren war, über Jahre hinaus relativ zuverlässig. Wenn sie in den heißen Sommern bei langer Trokkenheit einmal streikte, mussten wir den beschwerlichen Weg hinunter ins Dorf machen und das kostbare Nass in Eimern von der Quelle am Brunnenberg heraufschleppen.

Die Dorfbewohner verhielten sich uns gegenüber zumeist distanziert. Auch die Menschen auf dem Land waren durch den Krieg und seine Folgen Fremden gegenüber misstrauisch geworden. Wir waren noch immer die ungeliebten Flüchtlinge. Ich möchte nicht sagen, dass man uns mied, doch der Großteil der Bevölkerung wollte keinen Kontakt mit uns aufnehmen. Nur selten machten Familien aus dem Dorf Besuche bei uns im Lager, was sicher sowohl in dem düsteren äußeren Erscheinungsbild unseres Wohnquartiers als auch in Vorurteilen seinen Grund hatte. Mit Integration, einem Schlagwort in unserer Zeit, hatte man schon damals seine Schwierigkeiten.

Abgesehen von den üblichen Rangeleien gab es unter uns Schulkindern wie auch unter den Heranwachsenden nur wenige Probleme. Männer wie Frauen fanden Arbeit in den Spinnereien und Webereien im nahen Bayreuth. Zahlreiche Männer arbeiteten auch auf dem Bau. Nach Abschluss ihrer Schulzeit erlernten die Jungs einen Handwerksberuf, die Mädchen verdingten sich bei wohlhabenden Familien als Haushaltshilfe oder lernten Schneiderin oder Friseuse.

Der Grund und Boden, auf dem das Lager zu Beginn des Krieges 1939 gebaut worden war, hatte einem Bauern im Dorf gehört. Ob er damals das Grundstück an den Staat verkauft oder verpachtet hatte, ist nicht mehr festzustellen, jedenfalls war es kein Gemeindeeigentum. Möglicherweise hatte damals die NSDAP das Grundstück einfach konfisziert und dem Besitzer eine Entschädigung bezahlt.

Nachdem der Reichsarbeitsdienst die Baracken verlassen hatte, standen sie leer und warteten auf neue Bewohner. Dass es Flüchtlinge aus deutschen Ostgebieten sein würden, konnte damals noch keiner ahnen. Von den Einwohnern des Ortes und der näheren Umgebung war das Lager zuvor rigoros ausgeplündert worden. Alles, was nicht niet- und nagelfest war, wurde verschleppt: Feldbetten, Decken, Geschirr, Besteck und das gesamte Mobiliar. Die ersten Flüchtlinge fanden nur leere Säle vor. Lediglich ein paar schwere Medizinbälle, mit denen die Plünderer nichts anzufangen wussten, lagen verlassen in einer Ecke. Immerhin mussten wir keine Miete entrichten, nur für Wasser und Strom wurde uns ein kleiner Betrag berechnet.

Wir Tischers waren eine der letzten Familien, die die Baracken verließen. Auf dem Gelände bauten später Heimatvertriebene ihre Häuser, nichts deutet heute mehr auf seine frühere Verwendung hin. Bei all meinen Nachforschungen in der Gemeindeverwaltung von Mistelbach, bei Regierungsstellen in Bayreuth wie auch im Staatsarchiv in Bamberg fand ich weder einen Bauplan noch überhaupt einen Hinweis auf die Existenz des ehemaligen Barackenlagers.

Geschichtliche Fakten zum Exodus der Schlesier

Schlesien, bis 1945 südöstliche preußische Provinz, nordöstlich des Böhmischen Beckens gelegen, 34.871 Quadratkilometer groß, hatte 1939 rund 4,6 Millionen Einwohner. Über 3 Millionen von ihnen wurden vertrieben, 750.000 kamen ums Leben.

Der sowjetische Diktator Josef Stalin formulierte im Dezember 1941 erstmals die Idee, Polen als Entschädigung für seine verlorenen Ostgebiete bis an die Oder auszudehnen. 1943 einigten sich der britische Premier Winston Churchill, der US-Präsident Franklin D. Roosevelt und Stalin auf eine Westverschiebung Polens; Ostpolen sollte sowjetisch werden, so wie es im Hitler-Stalin-Pakt von 1939 bereits vereinbart worden war.

1944 schlossen die Sowjetführung und das „Lubliner Komitee“, eine polnische Vereinigung zur nationalen Befreiung, ein Geheimabkommen, in dem sie sich über die polnische Westgrenze an Oder und Neiße einigten. Östlich dieser Linie sollten alle Deutschen vertrieben werden.

Als am 19. Januar 1945 die Rote Armee in Schlesien einrückte, lebten dort 4,7 Millionen Menschen deutscher Staatsangehörigkeit. Sofort brach die erste große Fluchtwelle los. Ende Januar waren Millionen Schlesier unterwegs. Sie liefen einzeln oder in hastig zusammengestellten Trecks bei bitterer Kälte - die Temperaturen erreichten minus 18 Grad - Richtung Sachsen, Sudetenland oder Berlin. Kaum war die Rote Armee im Land, kam es zu wilden Vertreibungen und schrecklichen Gräueltaten, Vergewaltigungen und Erschießungen. 62.000 Zivilisten, vor allem Frauen, Kinder und alte Männer, wurden in die Sowjetunion verschleppt.

In Breslau, das die Nationalsozialisten zur „Festung“ erklärt hatten, forderte am 20. Januar der fanatische Gauleiter Karl Hanke die Bürger auf, unverzüglich die schlesische Metropole zu verlassen. 60.000 Frauen und Kinder flohen Hals über Kopf zu Fuß, viele Kinder erfroren unterwegs und wurden wie Puppen an den Wegrändern abgelegt. 18.000 Frauen und Kinder verloren alleine auf dieser grausamen Flucht ihr Leben.

Bis weit nach Kriegsende dauerten die Fluchtwellen der Schlesier in die Besatzungszone westlich der Oder-Neiße-Grenze an. Bis 1950 hatten über 3 Millionen Deutsche Schlesien verlassen, etwa 1 Million blieben als sogenannte „Autochthone" zurück. Auf der Flucht oder durch Deportation verloren 386.000 ihr Leben. 361.000 Schlesier wurden bei Kriegshandlungen getötet.

Die Welt erfuhr im August 1945, dass sich die Siegermächte in der Potsdamer Konferenz geeinigt hatten, die deutschen Gebiete östlich der Oder-Neiße-Linie, den an die Sowjetunion gehenden Norden Ostpreußens einmal ausgeschlossen, bis zum Abschluss eines Friedensvertrages unter polnische Verwaltung zu stellen. Zwischen 1970 und 1990 gewann die Oder-Neiße-Grenze durch Abkommen und Verträge ihren endgültigen Charakter.

Danksagung

Danken möchte ich meiner Frau Irmgard für ihre Geduld und das Verständnis, mit dem sie meine Arbeit an dem Buch begleitete.

Bei der Durchsicht meines Manuskripts leistete mir mein Sohn Wolfgang unschätzbare Dienste.

Tatkräftige Unterstützung erfuhr ich von meinen Geschwistern, denen ich neben wertvollen Tipps auch nachhaltige Motivation für meine Arbeit verdanke.

Herbert Brünner, Peter Pelka und Familie Lukas aus Mistelbach stellten mir, ebenso wie Familie Brendel aus Pittersdorf, dankenswerterweise Bildmaterial zu diesem Buch zur Verfügung.

Reinhard Tischer
Streitberg, Februar 2008

Verzeichnis schlesischer umgangssprachlicher Dialektausdrücke

Im Folgenden erkläre ich gebräuchliche Ausdrucksweisen, die von unseren Großeltern und Eltern aus der alten Heimat überliefert und von uns, der nachfolgenden Generation, noch heute in der Alltagssprache gebraucht werden; zum Teil sind sie aus dem polnischen und jüdischen Sprachgebrauch übernommen.

Äster: unartige Kinder
ausgrammeln: eine Arbeit nicht fertig bringen
altes Geräcke: magere, ältere Frau
ausbaldowern: spionieren
Bälger: unruhige Kinder
Böhm: Zehnpfennigstück
Bratschehose: Reiterhose
Brinkel: Brotkrümel; Sprichwort „Brinkel bringt Brot"
beschnuppt: neunmalklug
doulieren: sich herumtreiben, vergnügen
drähnde: schwindelig
Dorm: freches Kind
der hott en weg: betrunken sein
eene gekleistert bekommen: eine Backpfeife erhalten
eiverflischt: verdammt noch mal
es jeuht: starkes Schneetreiben
es finkelt: alles ist blitzsauber
Fluppe: dicke Lippe
feiner Pinkel: gut angezogener Mann
gratschen: mit minderwertigen Zutaten kochen
grammeln: immer was zu tun haben
Gepretze: unnötiger Hausrat
Hooken: schlechte Zähne
Hirlitze: aufgetakelte, auffällig geschminkte Frau
huschards: es friert mich, ist kalt
hilts Maul: halt den Mund
jedid, jedid: unangenehm, überraschend
kudlige Haar: ungepflegtes, langes Haar

kumm ock: komm her
kippeln: streiten, zanken
köscheln: auf dem Eis rutschen
klabustern: aussortieren, ordnen
Klunker: schlecht angezogener Mann
Kaluppe: altes, baufälliges Haus
Klaschen: alte Schuhe
klenes Dreckel: Baby, Kleinkind
knuchehotte: knochenhart
Kinkerlitzchen: unnötiger billiger Schmuck
krescheln: eine kleine Portion schnell braten
Loodschgen: abgetragene Schuhe
lottlich: ungepflegt angezogen
lofender Britt: unruhig, immer unterwegs
Loden: Haare
Luppe: alter Hund
Loberarsch: eine Person, die viel Unnützes redet
Luntras: Landstreicher, armer Mann
Lurre: dünner Kaffee
Lusche: kleiner Weiher
malochen: hart arbeiten
Mähre: altes Pferd
meschugge: leicht verrückt
mich schesserts: „groß" auf der Toilette müssen
muffeln: ununterbrochen essen
na, da weestes: nun, da hast du es
plautze: niederträchtig, böse
pultern: unnötig Krach machen
pullen: urinieren
Paschuntek: Ordnung und Zucht
Ritschel: Fußschemel
rumkaleschen: unnütz mit einem Fahrzeug unterwegs sein
Rampftel: Anfang und Ende eines Brotlaibes
Stachhatzgen: vertrocknete alte Bäume und Sträucher
Strunze: dicke Frau
stuppt: schwer zu schlucken
Stellasche: unförmige Figur
schnabulieren: genießerisch verspeisen
Schnicke: Prügel, Schläge

schlawenzeln: ausgehen, sehen und gesehen werden
Schustertunke: Zwiebelsoße zum Eisbein
Scheps: kastrierter Hammel – Schimpfwort
schnobriche: armselig, ungepflegt
schnurrbäuchen: Hunger leiden, dass der Magen knurrt
Schnopa: Jugendlicher, der altklug daherredet
Schmankern: abfällig für Knochen
Schaloster: alte böse Frau
schmuddlig: unsauber
Schabrinke: weibliches Geschlechtsteil
Secher: männliches Geschlechtsteil
Spartefantel: magerer Jugendlicher
tättern: ohne Unterlass laut reden
tun wie timplich: vorgeben, etwas nicht bemerkt zu haben
Tigel: Pfanne
Tippel: kleiner Topf
Tupp: großer Topf
tachernieren: unruhig umherziehen
Tuntrich: älterer zittriger Mann
Tunterfotze: langsame alte Frau, die nichts zuwege bringt
urschen: verschwenderisch mit etwas umgehen
verknuckt: halsstarrig sein, nicht hören wollen
versäubeuteln: Gegenstände nicht ordentlich aufbewahren
Wompe: großer Bauch
Zaster: Geld
Zigantge: Zigeunerin
zum Pussen: absichtliches, wiederholtes Verärgern einer Person